WORLD
HERITAGE

WORLD
HERITAGE

趣你的世界遺產

的世界遺產

關於那些歷史古蹟裡的奇人異事

泡澡、拋披薩、趕羚羊、唱情歌，還有健身大叔……，
帶你看不一樣的世界遺產！

Chapter 2
吃吃喝喝也有學問

Chapter 3
歷史裡的那些事

Chapter 4
來點音樂、舞蹈和藝術

若問大家，喜歡深度旅行還是喜歡走馬看花的旅行？10 個有 11 個跟我說當然是深度旅行啦！這樣的答覆才會顯得自己有氣質有水準，不過觀察旅遊回來後，許多人好像還是搞不清楚行程的東西南北，歷史情節也是張飛打岳飛，打得滿天飛，甚至在選擇旅行地點時，也搞不清楚要去的國家狀況，只要現在流行去哪裡，就會掀起一窩蜂的跟風，往往期待跟實際就產生巨大的落差。旅行無分高下，但要承認自己就是喜歡拍網美照，就是喜歡像個吃貨嘗遍美食還是需要很大的勇氣，但說穿了也沒甚麼不好，因為表示清楚知道自己喜歡的旅遊方式，與其花時間在博物館、美術館看自己沒興趣的東西，不如在露天咖啡座看美女享受片刻的寧靜。

那到底怎樣才叫深度旅行？我認為以歷史為縱軸，地理為橫軸，找到自己身處旅途中的時空座標位置，才能看得懂，進而看得深，更重要看過後還能有所啟發。我在旅行途中，最喜歡以世界遺產的角度進行深度旅行，包含兼具地理、歷史的文化遺產，兼具生物和地球科學的自然遺產，以及兩者齊備的複合遺產，也許

你覺得聽起來硬梆梆，一點都不有趣，那麼還有新增設的非物質文化遺產，這連日常生活的咖啡、披薩、舞蹈都可能被列名其中，更接地氣的幾乎無時無刻就在身邊出現，世界遺產的出現及被重視，無疑幫深度旅行開了一扇方便之門、觀察之窗，就好像以前考試前老師畫重點一般，提綱挈領的告訴你旅行中的亮點與重點，再以此為基礎擴大自己的視野。

這本書是我在 2021 年大家全面戒備的新冠肺炎三級警戒期間，在臉書上寫的連載專欄，目的除了藉書寫彌補無法出國的遺憾，也希望藉由自認有趣的文章撫慰讀者疫情期間緊繃的心情，紓解自己和別人的壓力。雖然因為疫情封鎖了旅人的腳步無法出國，但心靈依舊能夠毫無阻礙神遊，看來還得感謝這場疫情，才難得有了幫這些過往經驗觀察梳理的時間。疫情給我最大的啟示是：如果真正喜歡旅行，不要給自己找藉口，世界變化太快，快得有時只能徒呼「早知道」，把握當下才是最重要。所以現在國門解封了，看完這本「趣」你的世界遺產之後，該是重新整裝待發「去」你的世界遺產的時候了！

CHAPTER 1

那些日常生活觀察

藏在常民生活裡的另類遺產風景，
從洞穴裡挖出的白色黃金、
不需要用電的空調系統、
到堪稱 Uber eats 始祖的便當快遞……，
那些當時看似平常，
如今看來卻不平凡的日常……

維利奇卡和博赫尼亞鹽礦
Wieliczka and Bochnia Royal Salt Mines

—

培養出哥白尼的白色黃金

高「鹽」質的坑道

柴、米、油、鹽、醬、醋、茶，開門七件事，缺一不可，台灣四面環海，鹽分取之不盡，因為取得相對容易，用之不竭，再加上價格不算貴，所以也沒特別留意得來的辛苦。早期的鹽滷法、日曬法，到現在的電解法，隨著製成方法不同，品質也日益進步，鹽不僅可做調味，裡面含的鈉也是人體所需的電解質和滲透溶質。

不過不是所有人都住海邊，鹽分攝取就各顯神通，有些來自岩鹽，有些來自井鹽，台灣的泰雅族，得從羅氏鹽膚木的果實表層取得薄鹽，對這些人來說，鹽更有價值，甚至產生專賣制度。漢武帝開始採鹽、鐵、酒專賣，日據時期，台灣總督府成立專賣局，將樟腦、鴉片、鹽為專賣事業，而台灣五大家族的鹿港辜家，也因辜顯榮得到鹽業專賣權而致富。古埃及人用鹽（泡鹼）將木乃伊防腐；羅馬帝國也曾經把鹽當作軍餉，英文的薪水（Salary）一詞其實就是士兵用來買鹽的錢；1930 年，英國殖民者提高印度鹽稅，引起印度人及甘地不滿，採取不合作運動，到海邊自己取海水製鹽，這種氣魄跟我們自己生產疫苗一樣，最後逼迫英國政府取消鹽稅，間接促成印度獨立。

國家興亡，匹夫有責，有時也溢於鹽表，波蘭南部的維利奇卡鹽礦是 14 ～ 18 世紀由「波蘭王國」與「立陶宛大公國」結為一國

的波蘭立陶宛聯邦的重要經濟命脈，後來當德國把海鹽賣進來，波蘭經済因此受到嚴重打擊。

鹽礦帶來的利潤不僅充實了國庫，興建宏偉的城堡和教堂，鹽場的管理者也在這一帶修建奢華宅邸，1364 年也利用這些收入在克拉科夫建起了波蘭的第一所大學「亞捷隆大學」，這是波蘭天文學家哥白尼的母校，也因為如此，在鹽礦中竟然也能看到哥白尼的雕像，這些白色黃金間接培養了偉大的科學家。

貨真價實的一「鹽」堂

鹹鹹喝咖啡

鹽礦有 327 公尺深，自地面算起往下 9 層，全部坑道加起來有兩百多公里長，多達兩千多間的廳室，有房間、禮拜堂、和地下湖泊等，持續開採了 700 年，宛如一座大型地下城市，沿著坑道往下根本搞不清楚方向，所以一定要跟著解說人員走，全程約 2 小時。

維利奇卡鹽礦的開採跟這裡的守護聖者聖金佳（Kinga）有關。13 世紀的聖金佳是匈牙利國王女兒，當時嫁給克拉科夫親王之子，因為波蘭缺鹽，她跟父親要求一座鹽礦作為嫁妝，並將訂婚戒指

① 入口處
② 往地底找鹽漿
③ 純鹽最後的晚餐
④ 前教宗若望保祿二世是波蘭人的驕傲
⑤ 世界遺產鹽青標

丟入其中作為憑據，嫁去後請礦工在維利奇卡開鑿挖掘，結果就發現維利奇卡鹽礦，並且在岩鹽中發現她的戒指，因此聖金佳也成了鹽礦工的守護者。維利奇卡鹽礦的最大教堂，就是在礦坑中花了近七十年時間，在鹽岩間建造及雕刻出的聖金加禮拜堂，牆壁上刻有浮雕，最引人注目的一幅浮雕是《最後的晚餐》。聖金佳畢生投注於公益事業，在丈夫過世後選退隱到普通的修道院。1695 年被列為波蘭及立陶宛的主保聖人，1999 年被同樣來自波蘭的教宗若望保祿二世宣布為聖人。

如果你常覺得你走過的橋比走過的路還多，吃過的鹽比吃過的米還多的話，真的要來這裡看看，我幫你嘗過了，這裡的岩壁真的是鹽壁，是鹹的。

WORLD
HERITAGE
01

維利奇卡和博赫尼亞鹽礦（Wieliczka and Bochnia Royal Salt Mines）
▪ **入遺年份** 1978 ▪ **種類** 文化遺產 ▪ **國家** 波蘭

羅馬歷史中心之一
Historic Centre of Rome

—

凱旋門下的血與淚

很多人問我旅行時會不會買紀念品？或是蒐集什麼東西？我沒有特別的戀物癖，也沒有特別喜歡的名牌，早期自助旅行一切行李都以輕便為主，所以也不想當蝸牛揹著沿途的紀念品旅行，甚至連世界遺產都不是用蒐集的心態在造訪，因為也常有人問我去過幾個世界遺產？其實不是每個世界遺產你都會感興趣，只要把去的理由及故事搞清楚即可，如果沒有，就算去過五百個那又如何？

但隨著去的地方多了，也能無意從眾多中找到一些交集項目，比如說各地的教堂，各地的水道橋，這些不是獨一無二，卻又有獨特的故事和時代背景，人類文明就是先有一項發明，用過之後大家就會開始模仿、學習、改良、進階、應用。看羅馬帝國電影時，有時能看到凱旋歸來的場景，那是萬人空巷，集榮耀於一身，更有甚者還蓋凱旋門紀錄這戰功彪炳的一刻，想到凱旋門最有名的當然是巴黎凱旋門，說它是僅次巴黎鐵塔的地標一點也不誇張，

古羅馬帝國首都中的博愛特區

但是最早的凱旋門，就是古代羅馬人創建，為慶祝戰爭勝利而建造出來的紀念性建築物。

羅馬有 3 座凱旋門，最早的一座建於西元 81 年，是圖密善（Domitian）皇帝為兄長提圖斯（Titus），也是他前一任的皇帝所建，西元 66 年，猶太人為了反抗羅馬帝國暴政以及羅馬帝國不合理的稅收起義，尼祿（Nero）皇帝派大將韋斯帕先（Vespasian）征討猶太起義軍，後來因為尼祿被刺殺，韋斯帕先趕回羅馬爭奪王位，當上羅馬帝國皇帝後，又派其子提圖斯續攻，西元 70 年，耶路撒冷被提圖斯攻陷，傳說第二聖殿地下藏有黃金，而被徹底摧毀，如今徒留哭牆。西元 135 年，猶太人再次起義，被鎮壓後羅馬帝國將所有的猶太人驅逐出猶太地，失去了他們的國土與家園。

提圖斯凱旋門上的浮雕，刻畫著羅馬軍隊興高采烈地炫耀展示從耶路撒冷奪取來的聖殿器物，裡頭的耶路撒冷聖殿 7 個分支的燭臺形象，被用在以色列國徽，是摩西以杏花形狀設計的，代表上帝以 7 天創世紀，是猶太人的象徵。

羅馬另 2 座凱旋門是西元 203 年建的塞維魯（Severus）凱旋門，慶祝兩次戰勝安息帝國；另一座是君士坦丁大帝於 312 年 10 月 28 日的米爾維安大橋之役中勝利，使他結束四帝共治成為羅馬帝國

君士坦丁凱旋門

① 世界最大的平壤凱旋門 / ② 塞維魯凱旋門
③ 提圖斯凱旋門 / ④ 寮國永珍的凱旋門

的唯一君主，各有其紀念的意義。

除了羅馬外，世界上還有幾座著名的凱旋門，也都是地標建築：巴黎凱旋門是拿破崙為紀念 1805 年打敗俄奧聯軍的勝利而建；德里的印度門建於 1921 年，為的是紀念在一戰和阿富汗戰爭中犧牲的 9 萬名士兵；寮國永珍的凱旋門建於 1968 年，原非稱為凱旋門，乃後被寮共為紀念勝利而改名；北韓平壤凱旋門建於 1982 年，為了慶祝金日成 70 大壽和紀念他兩次帶領北韓打敗日本及美國，是目前全世界最大的凱旋門，高 60 公尺。而其中被列為世界遺產的就是前面介紹的羅馬 3 座凱旋門及法國奧朗日的凱旋門（沒去過），這是我的蒐集跟大家分享，只可惜無法帶回，只能收藏在自己的記憶中。只不過當我們欣賞這些不可一世的豐功偉業時，千萬別忘了自己的凱旋往往是別人的痛不欲生，就算是自己的凱旋也是建立在許多犧牲者的鮮血之上，歷史往往由勝利者所主宰，失敗者就沒有那麼重要了。

WORLD
HERITAGE
02

羅馬歷史中心（Historic Centre of Rome）

▪ **入遺年份** 1980 ▪ **種類** 文化遺產 ▪ **國家** 義大利

WORLD HERITAGE 03

羅馬歷史中心之二
Historic Centre of Rome

—

生命就該花在洗澡這件事上

在土耳其棉堡與羅馬遺跡共泡溫泉

羅馬從義大利半島起家，在帝國時期疆域廣大，橫跨歐、亞、非三洲，各地風俗迴異，但看羅馬人於各地興建的城市並沒有因為天高皇帝遠而大小眼，除了條條大路都通羅馬之外，每座城市的設施建築，像是市集、劇場、水道橋，都算是基本配備一應俱全，尤其更重要的浴場，更是城市不可或缺的公共設施。古羅馬人興建了多少座公共浴場實在不可考，但有資料顯示，在西元 3 世紀，光在羅馬城，容納千人以上的浴場就有 11 座，小型浴場 800 多座，當真整座城市都是你的洗澡間。

羅馬人愛洗澡是出了名的，洗澡不單單只是為了保持身體清潔而已，浴場更是社交場合，不需要著晚禮服，就這麼光溜溜的坦裎相見，成為八卦放送站及政治評論中心，可能這樣更能敞開心胸，絕無半句虛假，可想而知在浴場裡永遠都是鬧哄哄的，羅馬皇帝為了累積自己的名望，討好民眾，所以也都會以己之名興建浴場，像是圖拉真、卡拉卡拉，以及戴克里先等。

為了達到不分貴賤男女老幼人人有洗澡的福利，羅馬人僅需付極少的費用甚至是免費就可入浴。入浴前可在中庭角力或運動，促進新陳代謝讓汗排出，這樣泡澡會更有效果。浴場通常有冷水、溫水及熱水池，汗水藉由高濕高溫的熱氣不斷滴下，還有奴隸以細沙混合橄欖油抹在身上，再使用刮汗板去除體垢與多餘角質，

再透過交互浸泡熱水與冷水，整個人簡直改頭換面，神清氣爽。

洗完澡後若還有時間，大型的浴場戶外可能還有游泳池，也可做做日光浴，甚至連圖書館都有，對羅馬人來說，生命就值得花在洗澡這件事上。如今想要重溫羅馬浴場的洗浴文化，大概只有到土耳其洗個土耳其浴了，土耳其以前也是羅馬的小亞細亞行省，所以土耳其浴其實就是羅馬洗浴文化的延續，洗浴的程序千古不變，只不過刮汙板變成手套般的菜瓜布。

突尼西亞迦太基的安東尼浴場

不過說是消失不見，世界各國的三溫暖其實就是由羅馬浴場演變而來的。各位有沒有想過？現在家中打開水龍頭熱水就源源不絕流出，但在羅馬時期，如此龐大的熱水供給哪裡來的？原來當時沒有天然氣、煤炭，必須仰賴燃燒木柴，因此其實羅馬城市的空氣污染嚴重程度不亞於今日的都市。不過目前保留下來，被列為世界遺產的羅馬浴場，也有來自於天然溫泉的熱能，以今天的概念來說就是節能減碳，而且天然溫泉還有治療疾病的功效，也常成為羅馬士兵療傷養病的醫療中心，像是土耳其的棉堡（Pamukkale），英國的巴斯（Bath），而 Bath 的城市名稱根本就是洗浴的意思。

不過成也洗澡，敗也洗澡，羅馬帝國晚期人口減少，面臨少子化問題，據說跟長期泡在高溫熱水裡有關，因為科學報告顯示，長期處在溫度過高的環境裡會影響男性的生育功能，當然羅馬絕非一天造成的，羅馬帝國的衰敗肯定也絕非單一原因造成。

WORLD
HERITAGE
03

羅馬歷史中心（Historic Centre of Rome）

▪ **入遺年份** 1980 ▪ **種類** 文化遺產 ▪ **國家** 義大利

蒂瓦希波烏納穆
Te Wahipounamu–South West New Zealand

—

紐西蘭遠近馳名的校草

紐西蘭國草：銀蕨

紐西蘭的環境自然純淨不用多說大家都知道，它的 3 項世界遺產中，全部都是自然遺產，沒有一項是文化遺產，世界僅有，說明了這邊的歷史無法孕育源遠流長的古文明，但它號稱「活的地理

教室」，火山、湖泊、瀑布、溫泉和冰川，不同的環境造就了多樣性的生態系，這些地景巨大磅礡，但在蒂瓦希波烏納穆的國家公園溫帶森林裡，亦有非常重要的一種民俗植物，衍伸了有趣的文化意義。

全世界蕨類植物有 1 萬 2 千種，在紐西蘭有 170 種，但台灣卻有 600 多種，在這麼小的島嶼上，有著密度居世界之冠的生態樣貌，實屬難得。不過通常提到蕨類，大家只「覺累」，它不會開漂亮的花朵，不會結好吃的果實，但紐西蘭卻把蕨類發揚光大，甚至變為國家的符號。

紐西蘭航空的企業標誌便是象徵毛利人精神圖騰的銀蕨圖案，這是紐西蘭的國花，其實應該是國樹，因為蕨類不開花，沒有校花就選校草，但只有獨一沒有之一，絲毫不減紐西蘭人對它的喜愛。全世界出名的全黑（All Black）橄欖球隊就是紐西蘭國家隊，隊服胸前的圖案就是銀蕨，2016 年，紐西蘭甚至舉行國際矚目的一項公投，決定是否更換現今南十字星座國旗，當時新國旗的設計圖案上就是銀蕨，最後投票結果雖然保留現今使用的國旗，但不可否認再次見證這株校草的魅力，錢幣、國徽上也都可見。

銀蕨，正式名稱為白粉桫欏，葉背呈現銀白色，能在陽光或月光

照射下閃閃發光，跟常見的台灣杪欏和筆筒樹都是樹蕨的一種。在毛利人的傳說中，銀蕨原本生長於海上，後來接受了毛利人祖先的請求而移居上陸地，神話中毛利人 TIARA 在一次的戰爭中被敵人綁架，為了讓丈夫 RAHI 能在叢林中找到她，便偷偷將沿途的銀蕨葉翻過來，為毛利族人引路，因此以前的毛利獵人和戰士就是靠銀蕨的閃亮葉背來認路回家，而隊伍最後一個人必須把葉子再翻回正面，避免被敵人看到。

蕨類的初生幼苗都是捲曲狀的，銀蕨也不例外，毛利人稱之為「KORU」，是「圈環」的意思，這簡單的線條代表一切回到初始，延伸的螺旋紋也有生長、富饒、力量與和平等意義，被毛利人大量運用於身體刺青及雕刻工藝作品中，連臉部刺青「TAMOKO」的紋理也會呈現有秩序的黑白捲曲線條所組成，其實就是 KORU，就跟我們泰雅族臉上的紋面菱形紋一樣，都有重要的象徵意義。

毛利人屬於南島民族，跟台灣原住民一樣沒有文字記錄，因此每個人的刺青圖案都具有獨一無二的意義，就像一份人生簡歷，記錄毛利人的出身、地位、職業，甚至是一生的成就。2020 年 11 月，紐西蘭迎來第一位女性毛利人馬胡塔（Nanaia Mahuta）擔任外交部長，也引來爭議。贊成者認為面部刺青毛利人祖先、歷史以及身

分的象徵，是毛利熱情、好客、守護特色的外交延伸；反對者認為是醜陋、未開化的表現，不應出現在代表國家門面的外交官身上。我覺得有文化作為沃土，原創的刺青是美麗的，反觀現在也不乏有人刺青，但若只是像轉印紙拓印圖案，也很難和美麗劃上等號。

我們有這麼多種類的蕨類，有沒有可能有朝一日也變成文化圖騰，代表台灣走向世界？而不是只見於盤中殽的山蘇、過貓。

蒂瓦希波烏納穆（Te Wahipounamu–South West New Zealand）

▪ **入遺年份** 1990 ▪ **種類** 自然遺產 ▪ **國家** 紐西蘭

伏爾科里涅
Vlkolinec

—

高反差的山間村落，度假木屋 VS. 二戰遺跡

從字面上的意思來看，伏爾科里涅（Vlkolinec）是指野狼聚集之地，當我們帶著懷疑，沿著山路來到這個位於斯洛伐克中部群山間的小村莊時，中間經過的一段荒野，確實讓我們覺得好像真的會有野狼的出現。不過現在要看到野狼也不是那麼容易的一件事，如果真看到時還不知道心情是該高興還是該害怕？

與野狼不期而遇不是我的目的，我繞進山區來到這個村莊，乃是因為這裡是聯合國教科文組織列名的世界文化遺產。全部都是以木頭建成，2 排共 45 棟呈「非」字型排列的傳統屋舍，是斯洛伐克中古時期鄉村建築形式保存最完好的地點，連屋頂是用一片片的木片瓦拼湊而成。沒人清楚村莊是從何時就存在，但早在 1376 年的文獻記載中就已提到這裡。據說以前山區都是如此的房子，這種傳統木屋一點也不稀奇，但物以稀為貴，如今反而吸引有興趣的旅人前來。

以木片當瓦建成的小屋

入內參觀是需要買票的，我本來以為這又是個只留下骨架形式沒有靈魂的民俗文化村，然而沒想到這個世界遺產和印象中多半是廢墟的遺跡景色截然不同。房屋數雖然不多，但全村依舊有 32 人長居住於此，也有部分房子門窗緊閉，但從窗台上擺置的物品裝飾，看得出這些在

海拔 718 公尺的小木屋，只被當作夏天度假避暑時使用。不管是否常住，因為尚保留居住功能，所以看得出維修的功效，因此木屋雖略顯斑駁，卻仍然顯得老當益壯；當然歲月還是不免在此駐留，一些廢棄的房屋或在第二次世界大戰時被燒毀的房屋夾雜其間，亦不做整修，完整保留，兩者相對照，不僅讓人見識到古屋的風貌，亦教人發滄海桑出之喟嘆。

不過也許是無禮的觀光客太多，這裡的居民似乎都不太愛被照相，一看到有鏡頭對準他們，馬上就把頭偏向另一邊，甚至露出不耐煩的臉色。有戶人家乾脆就在門口就掛了個「內有惡犬」的

牌子，斯洛伐克文我當然看不懂，但牌子上那隻看來兇猛的惡犬圖，可是打破了語言的隔閡，提醒遊客不要私闖民宅，想必被不速之客騷擾的不勝其煩。

這樣一個地方，觀光和當地原本生活的保持始終是天平的兩端，對觀光客來說，在這樣的氛圍中，哪怕是一個老婆婆端著臉盆到水井邊洗衣服，都是手癢難耐的好畫面，但居民又何苦要承受這樣像被看待動物園裡動物般的對待？我想彼此尊重是最好的解決之道。這裡是觀光地，但也是當地人數百年來的家鄉，造訪必須帶著尊重，而非冒失闖入別人的私領域。

其實若想要一窺這些房子裡的結構與生活，也不是那麼困難的一件事。這裡有間民宅被改建成博物館，一進門就是廚房，老式的

設備敘說著過去的生活，而並非只有博物館如此，這裡除了電力之外，對於其他現代化的裝備與設施都是不接受的，連用水都還是全村共同使用座落在唯一一條道路中央位置的水井。房子裡的空間比外表看來大許多，除了起居室及臥室外，更有一個食品儲藏室，以度過漫長且嚴寒的冬天。

以前的居民多半從事農牧且規律的生活，直到如今似乎依舊變化不大，來到這裡能夠感受到一種繁華世界中缺乏的和平與寧靜。

WORLD
HERITAGE
05

伏爾科里涅（Vlkolinec）

▪ **入遺年份** 1993 ▪ **種類** 文化遺產 ▪ **國家** 斯洛伐克

阿拉伯大角羚羊保護區
Arabian Oryx Sanctuary

—

別再趕羚羊

全世界目前 1154 個世界遺產，許多國家費盡千辛萬苦爭取列名，
除了舉著保護文化與自然的大旗外，更著眼於觀光的收益，雖然
不是每項世界遺產都是適合去觀光旅行的，但不可否認的，它會
增加國家的能見度，產生裙帶效應的正向產業發展。

但並非被列名後只管收門票錢大賺其財，列名世界遺產不僅僅是
一種榮耀，對地主國來說更是一種責任。因為列名不是永久有效
的，當地主國因為觀光業蓬勃發展而暗自竊喜的同時，也別忘了
若是保護不力，會被列入瀕臨危機的世界遺產名單，更有可能被
除名。進大學後也有留校察看機制，不過要被退學的機率微乎其
微，世界遺產目前真正被退學的只有 2 個。

被除名是所有關心世界遺產的人最不願意見到的狀況，因為那不
僅代表懲罰的終極手段，也透露出更深沉的無奈，更是代表了某
種自然或文化景觀即將或是已經從地球上消失的訊息。當我們失

阿拉伯大角羚羊

去了某個世界遺產，再多的懲罰與後悔也都無濟於事。阿曼的阿拉伯大角羚羊保護區，是第一個從世界遺產上除名的項目。

沙地瞪羚

阿拉伯大角羚羊保護區位在阿曼中央沙漠和沿海丘陵地帶，若非親眼瞧見，很難想像荒蕪的沙漠，竟是這種珍貴草食性動物的原生地。在這樣堅苦卓絕的環境與氣候下，阿拉伯大角羚羊自然也因應出一套生存法則。雖然年平均降雨量雖然不到 50 毫米，但在 10 月至隔年 4 月間，來自海上的潮濕空氣會形成濃重霧氣籠罩整個區域，當這些霧氣沉降到地面時，便可以凝集成淡水，這些淡

水的量雖然稱不上多，但已是大旱後的甘霖，足夠助於當地植物的生長，形成了獨特沙漠生態系統，而阿拉伯大角羚羊不僅有了食物來源，更能從植物中吸取身體所需的水分。

阿拉伯大角羚羊是這區域中最大的哺乳類動物，包括有刺植物、乾草、鹽質灌木等等，都是其多樣化食物的來源。而且牠們會分散覓食的區域，以免過分的啃食造成來年食物的短缺。大自然的生存挑戰雖然嚴苛，但每種生物都有辦法發展出一套生存適應的方法，讓人不得不讚嘆自然的奧秘與多樣。

任何生物都是生態系中的一分子，自然界中，無處不成理，萬物靜觀皆自得。每種生物都用牠們最合適的型態或生活方式繁衍延續，就算在這樣貧瘠的地方也有許多看不見的生機。紅狐、沙狐、跳鼠、豪豬、阿拉伯山地瞪羚、沙地瞪羚都是同時生活在此的野生動物，還有許多爬行類動物與鳥類，讓這片惡地充滿許多活力與生機。

擁有一對漂亮長角的阿拉伯大角羚羊原本分布在整個阿拉伯半島，阿拉伯人極愛牠，認為是力量的象徵，既貴氣又溫柔美麗，今日阿聯酋的阿布達比，其阿拉伯語的意義便是「有羚羊的地方」，卡達航空也以大角羚羊美麗的樣貌作為企業識別標誌，台

灣人應該也對牠有特殊情懷，因為每天都在「趕羚羊」。

1960 年代，阿拉伯大角羚羊曾經由於人類濫捕，使得這種美麗的動物幾乎絕種，後來在國際保育組織協助下，從美國動物園取種開始進行復育，由原先的 12 隻陸續增加到一百多隻，最後順利野放回到原產地，劃定保護區予以保護。但由於阿曼為了開採石油，將保護區面積縮減了 90％，不但作法違背世界遺產精神，數量又減少為僅剩的 65 隻左右，其中只有 4 對具有繁殖能力，近親交配更對族群繁衍不利。我們看到牠的消失，但還有我們看不到或不了解的物種，以更快的速度消逝中。不論這些生物是否被列入保護名單中，其實都已刻不容緩無法再等待了。

WORLD HERITAGE 06

阿拉伯大角羚羊保護區（Arabian Oryx Sanctuary）

▪ **入遺年份** 1994，2007 遭除名 ▪ **種類** 自然遺產 ▪ **國家** 阿曼

人角羚羊的保育中心

下龍灣
Ha Long Bay

—

躲過越戰摧殘的海上桂林

如果真的有造物者存在，那麼世界的廣袤大地就是一張紙，大自然的種種力量，肯定就是造物者的畫筆，而隨著地質構造的不同，所造就的景觀，就是在這張畫紙上留下的筆跡與印記。

石灰岩便是一種非常特別的岩石，追溯其前身，通常是海洋中生物體的殼體或骨骼，這些生物吸取海水中的二氧化碳與鈣質，轉化為主要成分碳酸鈣，而這些生物在死後殼體堆積在海床中，隨著陸地上升，海水退去，在適當的壓力下搖身變為堅硬的沉積岩石塊。這些石塊看似堅硬，但卻也十分「脆弱」，天不怕地不怕，最怕的就是看似柔弱的水，尤其是帶有酸性的水。因為碳酸鈣非常容易溶於水中，不過一旦水中所含的碳酸鈣過於飽合時，就會沉澱形成石灰華，或隱藏在石灰岩洞中的地形景色。最常見的便是幾種石灰岩景觀，一是從洞頂垂滴下來，逐漸長成像垂掛的冰柱，稱為石鐘乳；二是垂滴到地面，再由下往上逐漸沉澱堆疊的，稱為石筍；三是沿著洞壁滲流而下，經沉澱結晶形成一串串珠簾的是石簾。

海上喀斯特地形

灑落海上的珍珠

下龍灣（Ha Long Bay）位於越南東北部的南中國海上，整個海灣
為 1969 個大大小小不等的島嶼所形成，正可為「星羅棋布」這句
成語做了最好的詮釋。絕大部份的島嶼都無人煙，也因此而得以
保持原始的自然風光。下龍灣的『Ha』是下降的意思，『Long』
是龍，下龍灣古時名稱很多，在 10 世紀之前名為安邦、綠洲、綠
海，後曾稱玉山、玉水，傳說上天遣神龍下凡，降臨北部灣，助
越南人民抵抗外敵，龍口吐出顆顆龍珠打擊侵略者，龍珠落入海
中，化為岩石，聳立成山，後人將龍珠落海之處稱為下龍灣。

這樣破碎的海岸帶與小島，原來是歐亞大陸的一部分下沉海中形
成的自然景觀，其地質年代可追溯至 250 萬年至 280 萬年前之久，

划進秘密洞穴

而岩性又是屬於石灰岩，經由海水的不斷侵蝕，形成了今日所見鬼斧神工般的造型。有人說，下龍灣不管在地質構造和景色上，都和桂林的漓江風光相類似，因此贏得了「海上桂林」的美名。尤其在海上起霧的日子，奇岩怪石描繪出有如中國山水墨畫的意境，就算在晴朗無雲的天氣裡，這一座座在海中兀自崢嶸的峰巒，也給人遺世獨立自成一格的感覺。

下龍灣與越南歷史有著許多關連性，不僅是著名的古代商業港，更被考古學者證明是當地人類的搖籃。這裡不僅景色渾然天成，也由於地形的關係而形成一個天然的天險，因此越戰時很多人把這裡當作防空洞來躲藏，加上下龍灣靠近中國邊界，位置敏感，

美軍不敢輕舉妄動，所以才得以保留完整樣貌至今。還好當時戰爭並沒有造成這些千百萬年自然景觀的破壞，否則一旦失去，這些美景可不是用人工造景就能彌補回來的！

也就是這麼獨特的景觀，不管遠觀近看，都能成為電影取景的好場景，像是 007 系列電影的明日帝國，片中媒體大亨的隱形船就是藏身於此，而法國電影「印度支那」中，這些小島的洞穴又成為男女主角的愛情庇護之所，屢屢在電影中出現，哪怕是驚鴻一瞥，也能夠不假思索一眼就認出來這片綺麗的景觀。

但隨著周邊地區工業的發展，工業污染所造成的酸雨，大量在遊輪上過夜遊客所造成的廢水汙染，也悄聲無息的侵蝕著這片山水，紅顏之下，是否薄命？且看恩客是否手下留情。

WORLD HERITAGE 07

下龍灣（Ha Long Bay）

▪ **入遺年份** 1994 ▪ **種類** 自然遺產 ▪ **國家** 越南

瑞士阿爾卑斯山少女峰──阿萊奇冰川
Swiss Alps Jungfrau-Aletsch

—

挑戰阿爾卑斯山的兩個怪咖

阿爾卑斯大家應該不陌生，上廁所時有個馬桶品牌就以此為名，我猜想可能使用這個馬桶就像身處阿爾卑斯山的純淨自然之中吧！台灣有護國神山中央山脈，整個歐洲也有一條護國神山：阿爾卑斯山脈，不過這座神山有點落漆，依然有人可以翻越天險造成國安危機。

公元前 218 年春天，北非的迦太基帝國與羅馬共和的第二次布匿戰爭期間，迦太基名將漢尼拔（Hannibal）率領軍隊先翻越庇里牛斯山，穿過高盧人的領土，於秋天抵達阿爾卑斯山脈邊緣。

羅馬人一直以為強大的迦太基海軍會從地中海正面攻擊，無恃其不來，恃吾有以待也，結果漢尼拔這個怪咖竟然接連挑戰庇里牛斯山和阿爾卑斯山，更出其不意的在冬季惡劣的氣候、山區險峻的地形、龍蛇雜處的軍隊一手爛牌下，率領 9 萬步兵，1 萬 2 千騎兵，及 37 隻戰象翻越阿爾卑斯山，來到了義大利北部，雖然傷

少女峰山區是步行者的天堂

少女峰鐵路

敵一千，自傷五百，在整個過程中漢尼拔損失了將近半數的兵力，但依舊讓羅馬人嚇了個屁滾尿流，措手不及，據說古羅馬人嚇小孩不是說警察來了，而是說漢尼拔來了，可想而知這件事對他們的心靈造成多大的陰影。

還好現在翻越阿爾卑斯山不用那麼辛苦了，目前早已有許多條穿越阿爾卑斯山的公路或鐵路隧道已在運行，2016 年由瑞士興建穿過阿爾卑斯山的聖哥達隧道（Gotthard Base Tunnel），全長 57 公里，更是全世界最長的隧道，耗時 17 年興建，而高速火車通過只要 17 分鐘，大幅減少通行時間與翻山越嶺的辛苦。

不過交通雖然快速，但愈快愈看不到美麗風景，但又不希望太累太久，「人」字寫起來雖然只有兩撇，但卻最難搞，還好 1894 年又出現一個怪咖，瑞士人阿道夫‧蓋爾 – 澤勒（Adolf Guyer-Zeller）設計興建電氣化有齒軌的少女峰鐵路，這段鐵路長度只有 9.3 公里，但從起點到終點歐洲最高的火車站少女峰（海拔 3,454 公尺），卻有近 1400 公尺的落差，坐火車就能登頂，不禁讓人懷疑自己坐的是纜車還是火車？

出了車站，海拔 4158 公尺，號稱歐洲之巔的少女峰就近在眼前，雖然並非阿爾卑斯最高，但山勢陡峭，以前根本沒人進得去，後

阿萊奇冰川

來也因為這條鐵路興建，抵達方便了，連帶使得聲名大噪。在半小時前還在綠草如茵的山腳下，沒一會兒像屏風的 3 座山頭：少女峰、僧侶峰、艾格峰，還有歐洲最大的阿萊奇冰河出現在眼前時，卻是冰天雪地、白雪皚皚，這裡是瑞士的自然遺產，也是人類共有的，若你想走在冰河上，這裡也有教練帶領的體驗行程，不過全世界的冰河都受到氣候變遷影響不斷向後退或溶解中，這裡也不例外，因為都冰河溶解厚度不足，很容易在健行或攀登過程中產生意外，所以報了名被取消的情況也逐漸增加中。

台灣也曾經經歷冰河期，南湖大山的圈谷、雪山的冰斗地形都是證明，而瑞士另一座著名的馬特洪峰（Matterhorn），更是四面皆冰河侵蝕切割的角峰，台灣的合歡尖峰雖不是百岳，但也是冰河

少女峰頂

侵蝕的四面角峰。佔世界 69% 淡水總量的冰河統統消失不是單單只有沒戶外體驗而已,將會帶來世界的巨變,因為冰河提供了許多地區淡水的來源,這是生存的問題,這已經不是擔憂而已,而是真正會發生的場景,而且時程比我們想像的速度更快,無怪乎聯合國發布警訊,未來大家會為乾淨的水發生戰爭,而不是為石油發動戰爭。

WORLD
HERITAGE
08

瑞士阿爾卑斯山少女峰──阿萊奇冰川(Swiss Alps Jungfrau-Aletsch)

▪ **入遺年份** 2001 ▪ **種類** 自然遺產 ▪ **國家** 瑞士

萊茵河中上游河谷地
Upper Middle Rhine Valley

—

曾為歐洲公廁的歷史長河

地球生病了！相信這件事絕對不用我再從頭道來，2021 年的國際新聞報導，歐洲萊茵河遭暴雨釀災，造成至少 91 人死亡，受災最嚴重的是德國，到了 2022 年，同樣的一條河卻傳來幾近乾涸的消息，造成包括供水、運輸、觀光等全方面的影響，非旱即澇，可不可以不要這麼極端？

以前地理課本上念到歐洲兩大河流：萊茵河和多瑙河，在印象中都是浪漫不已的美麗河川，但再浪漫面對極端氣候也會一夜變臉，變成可怕的洪水猛獸。萊茵河是一條國際河流，流經瑞士、列支敦斯登、奧地利、德國和法國，最終在荷蘭流入北海。它不僅曾做為羅馬帝國疆域的天然國界，自古以來就有航運之便，沿岸形成了許多的商業城市。在賓根（Bingen）與科布倫茲（Koblenz）之間 65 公里長的萊茵河中游，因為河水侵蝕穿過了萊茵河谷（Rhine Gorge），再加上地層抬升提高了河道高度，沿岸地形高聳，因地制宜建立了許多城堡與梯田葡萄園，在 2002 年被列入世界遺

沿岸有許多城堡景觀

產，這裡也是 2021 年洪災受創最嚴重之地。

位在科布倫茲的德意志之角（Deutsches Eck），處在萊茵河和支流摩塞爾河交匯處的三角洲，有著威廉一世的騎馬雕塑，這裡是德國統一的象徵，也是被列為世界遺產河道段的起點。在普法戰爭之前，日耳曼民族是鬆散的邦聯，威廉一世打敗法國在凡爾賽宮登基，這一動作也成為德、法兩國之間至今的心結，他統一日耳曼民族建立德意志帝國，任用鐵血宰相俾斯麥，使得德國在近代史中一躍成為強國。1897 年最初的雕像是靠民眾熱情募捐而來，

德意志之角

二次世界大戰中損毀，1993年重新建立，重建也引起正反兩極批評，反對者認為它是對君主制度的個人崇拜，而且威廉一世統治過程亦不乏血腥鎮壓，贊成者則將其看作是日耳曼民族和強權抱負的象徵。這樣的爭論在台灣也不少見，我只想說，這就是歷史，所有號稱偉大的君主在當時都是民族救星，隨著物換星移，可能就變落水狗，時勢造英雄，但被打下神主台就變狗熊，民意就像旁邊的河水，反覆且無情。

為了保護這些景觀視覺不受打擾，兩岸沒有蓋通行的橋樑，所以最好的方法，就是搭乘河輪在河上遊覽，優閒享受兩岸的水光山色，一棟棟的古堡出現在山腰隘口處，有些開放參觀，有些已成

廢墟，有些變成青年旅館。幾個世紀來，文學家、藝術家從這裡
得到靈感。山腰的城堡也許會恍神錯過，但屹立在河中建於 14
世紀的普發茲格拉芬斯坦堡（Pfalzgrafenstein）誰都不會錯過，直到
1866 年都是萊茵河上眾多的收費站之一，法國大文豪雨果來到這
裡時寫下：「一艘石造的船，永遠漂流在萊茵河上」在普魯士和
法國戰爭期間，普魯士軍隊以此為橋頭堡渡河，打敗法軍而使這
座古堡威名遠揚。

這條美麗的河流也曾經遭受嚴重工業污染，不僅水質惡化，更被
人謔稱「歐洲下水道」、「歐洲公廁」，在 1986 年，萊茵河旁的
化工廠發生爆炸起火，導致大量化學有害物質流進萊茵河，下游
生態及多國居民生活遭受嚴重破壞，由多國組成的保護萊茵河國
際委員會因此通過《萊茵河行動計劃》，下定決心恢復萊茵河原
有生態。如今的河水洗刷過往惡名，甚至也是重要的飲用水來源，
但景色再美，若是像 2022 年一樣，天公不作美給水，那麼萊茵河
也就不萊茵河了。

WORLD
HERITAGE
09

萊茵河中上游河谷地（Upper Middle Rhine Valley）

▪ 入遺年份　2002　▪ 種類　文化遺產　▪ 國家　德國

賈特拉帕蒂・希瓦吉車站
Chhatrapati Shivaji Terminus

—

便當快遞可謂 Uber eats 始祖

孟買最初是由 7 個小島所組成的沼澤地，原本是葡萄牙所有，在 1661 年，被當作嫁妝送給英王查理二世，後來東印度公司以每年 10 英鎊從英王手中租得孟買，成為在東方實施殖民擴張和統治的重要根據地。

英國在經歷工業革命之後，棉紡織業迅速發展，1861 年美國爆發南北戰爭，使得當時是全球最大棉花供應地的美國南方，無法供給市場需求，這時印度棉花透過孟買輸出全球，替補了美國南方的地位，再加上 19 世紀時蘇伊士運河的開通，大大縮短從亞洲至歐洲的距離，從此孟買的身價翻了兩翻，如今依然是印度海運貿易的重要吞吐門戶。

當時是英國維多利亞女王在位時期，也由於城市的大幅發展肇始英殖民後，因此在孟買市區所有建築幾乎都是英式建築再揉合些許的印度傳統形式，最具代表性的是座被列為世界遺產的火車

尖峰時刻的通勤列車

用餐時刻穿梭孟買街頭的便當快送服務

站，1888 年為紀念維多利亞女皇即位 50 周年興建的維多利亞車站，這棟混血建築結合哥德式、文藝復興及印度傳統宮廷式，外觀華麗的讓人以為是座宮殿或教堂，15 個港灣式月台一字排開，是列車的終點與起點，鐵路是英國人留給印度的資產，但跟日本人留下的鐵路一樣，另一面也是掠奪。就跟世界上其他仰賴捷運系統紓解紊亂交通的大都會一樣，它是孟買的血管，而維多利亞車站就像是心臟，如潮來潮往將每個人推送到城市各角落。為擺脫殖民色彩，現今改為賈特拉帕蒂‧希瓦吉車站，以 17 世紀著名國王希瓦吉命名。

疫情當前，外送行業需求大增，不管是「吳柏毅」還是「傅奔達」成為疫情時代街上的風景之一。這座車站除了是電影貧民百萬富翁的場景外，更令我感興趣的是當地歷史已久的便當快遞行業，這是吳柏毅的前輩，追本溯源也是英國人遺留下來的。當年英國人無法適應此地飲食的差異，因此便請人把家裡準備好的午餐送到上班地點，英國人離開後，這樣的服務依舊被保留下來，搭配得天獨厚、班次密集的通勤火車，每天大約有二十萬個便當在城市中漫遊傳遞，這也是全印度獨有。

我在最繁忙的中午來到車站，跟著他們的腳步近身觀察。便當快遞人員被稱為達巴瓦拉，意為「飯盒人」，他們身穿白衣，頭戴尼赫魯帽，每天早上在上班交通尖峰過後，便開始到各個訂戶家收取便當，極有效率的利用火車，運送從郊區收來的便當，到站後再用人力步行或是騎腳踏車的各種方式，準時在預定時間內送到客人的手中，每一個便當在送到客戶手中前，可能都已經轉了10手以上。對大多數是文盲的他們來說，便當上不同顏色的符號，便是便當要送的地方，不需要 QR code 和條碼管理，幾乎不會出錯。完成任務的吳柏毅們，悠閒聚集在路邊抽煙聊天，大約下午一點半過後，運送過程重新上演，只不過作業程序相反，要將空便當盒送回取件的地方。

也許你會問，為什麼早上出門不順便帶便當出門就好，還要多此一舉？若你見識過尖峰時間火車的擁擠情況，就會知道能不帶東西是最好的，因為往往會成為你下車時的障礙，而且按照印度飲食習慣，咖哩湯汁想要保存完整簡直是不可能的任務，因此強調準點、方便的便當快遞自然而然成為許多孟買人的選擇。

車站不只是火車停泊的地方，也是人與人產生生活連結的樞紐。有部電影「美味情書」就是以便當快遞為故事主軸拍攝，有興趣可以找來看看。喜歡裡頭的一句話：「有的時候搭錯車，也能抵達目的地。」

賈特拉帕蒂 · 希瓦吉車站（Chhatrapati Shivaji Terminus）
▪ **入遺年份** 2004 ▪ **種類** 文化遺產 ▪ **國家** 印度

上：賈特拉帕蒂・希瓦吉車站 / 下：站前一景

馬德留‧佩拉菲塔‧克拉羅爾大峽谷文化景觀
Madriu-Perafita-Claror Valley

—

購物免稅的山中國

歐洲除了著名的阿爾卑斯山脈之外，還有一條庇里牛斯山脈，是法國和西班牙的天然國界，全長 435 公里，平均海拔 2000 公尺，最高峰阿內托峰海拔 3404 公尺，雖然不高，但因為緯度關係也有冰河地形，當年迦太基帝國名將漢尼拔攻打羅馬共和曾翻越此山脈，現今另一個世界遺產聖雅各朝聖之路也是從法國出發翻越庇里牛斯山，還有一個袖珍小國安道爾藏身群山之間。

國土面積 468 平方公里，大概是台北市的 1.5 倍大，但人口卻只有 9 萬人，多數是西班牙加泰隆尼亞地區的巴斯克人，談到加泰隆尼亞大家想到的可能是這裡的獨立運動，加泰隆尼亞人認為自己不是西班牙人，但安道爾人雖然血統和加泰隆尼亞人相同，卻早已是國家。

別看它雖小，在境內也有世界遺產。馬德留‧佩拉菲塔‧克拉羅爾大峽谷文化景觀列名世界文化遺產，這唯一的世界遺產占了安

道爾 9% 的面積，也可說是安道爾的縮影。不過有點出乎意料之外，因為徜徉在庇里牛斯山的自然風光中，會讓人以為此地是自然遺產，但在入選說明中：高山牧場、深山峽谷、亂石叢生為主要地質構成。迄今該地區仍然以牧業為主，具有濃郁的山地文化。可看的景點有夏季居住點、梯田和山間小道等。也許我待的時間不夠久，沒有特別體會到，畢竟真正居住和一輩子可能來一次是完全不同的，不過沿途的自然風光確實是美不勝收。

8 世紀時，信奉伊斯蘭教的摩爾人占領當地，引起基督教國家針對西班牙的伊斯蘭國家長達七百多年的收復失地運動，西元 803 年，在當地巴斯克反抗軍帶領下，法蘭克王國查理曼大帝的軍隊順利越過庇里牛斯山脈，奪取今加泰隆尼亞地區，為了表示感謝，查理曼允許當地獨立，並以聖經地名「隱多珥」(En-dor) 為其命名，後該名演變為安道爾，也在安道爾設立教區。也因為這一層原因，安道爾也是現今歐洲僅存的采邑主教國。

所謂采邑主教國是教區同時擁有教會頭銜與世俗領主的雙重地位。因為在西歐自 4 世紀起，羅馬帝國因為北方蠻族入侵及內亂而衰亡，在這樣群龍無首的亂世中，某些城邦主教就順水推舟擔任指揮官的角色，管理世俗政務，有時還必須帶領軍隊抵禦外敵。

安道爾的自然風光

而在中世紀封建社會形成後，主教又從領主獲得封地，就如同安道爾，烏格爾教區主教與法國總統同為安道爾的虛位元首，因此安道爾雖有主權，但國防安全是由法國和西班牙負責。

安道爾是個山國，全境平均海拔約 1100 公尺，整個國家被高山峽谷環繞，在夏季某些路段還能看到山頭有未融的積雪，貫穿安道爾的瓦利拉河 (La Valira) 是安道爾最長的河流，源頭就是來自雪山，湍急的水流切割成峽谷，安道爾的城鎮都是瓦利拉河的谷地，首都安道爾城就是其中最大的一個，海拔 840 公尺，也是安道爾最低點，雖然是首都，但其實有點像西門町的大小。本來以為安道爾很偏僻荒涼，其實到冬季，會吸引許多滑雪客，再加上全境

安道爾城市區一景

免稅，因此在這裡購物比歐洲其他地方低，所以觀光也是它的重
要產業。世界之大，無奇不有，山國安道爾也顛覆了對一個國家
的認知。

WORLD
HERITAGE
11

馬德留 · 佩拉菲塔 · 克拉羅爾大峽谷文化景觀（Madriu-Perafita-Claror Valley）
· **入遺年份** 2004 · **種類** 文化遺產 · **國家** 安道爾

杭州西湖文化景觀
West Lake Cultural Landscape of Hangzhou

—

不在深不在廣，貴在有「靈氣」

西湖的湖光山色總像一首詩

說起西湖，名聲赫赫然，但全中國以「西湖」命名的大小湖泊，總共加起來有 36 個之多，首選最有名的必是杭州西湖，對於地大物博的中國來說，它並非最大，也非最深，亦不算最奇特，繞湖一圈也才 15 公里，大概跟綠島環島一周長度相當。但在中國人心中，可說是最具靈氣的一座。

西湖之好亦在大小，若湖像海無邊無際，難免給人畏懼之感，若像澤塘，又有虛張聲勢之嫌；或是乘船至小瀛洲這個湖心小島，一邊是遠山含笑，另一側又變為城市高樓天際線，人為與自然的風景全在轉眼間給包攬了。西湖之妙在於它的文化縱深，不論是如白蛇傳的傳奇故事，或是與西湖有關的蘇東坡、白居易、岳飛等歷史典故，若知曉一二，配著景點反覆咀嚼，都添風景韻味。

它得到許多騷人墨客的歌詠，每一首詩，每一闋詞都彷彿都是西湖之美的最佳認證。宋代詩人蘇東坡有詩道：「水光瀲灩晴方好，山色空濛雨亦奇；欲把西湖比西子，淡妝濃抹總相宜。」，道盡西湖清新脫俗的美感；唐代著名詩人白居易亦有詩云：「未能拋得杭州去，一半勾留是此湖」，字句中也透露出對西湖的繾綣與愛戀。

它也是充滿想像的民間故事發生地。白蛇傳中許仙與白娘子的死

被綠意包圍的西湖

生契闊，法老和尚的無情殘忍，深植每一個人的心中。傳說的開始與結束，場景都是在西湖，而且不只是充滿想像的故事而已，因為圍繞西湖旁的雷峰塔，白娘子和許仙邂逅的斷橋，很容易就在西湖旁得到印證，讓人在虛幻故事與真實世界中分不清界線，一如西湖給人的美感。

它也是古都杭州的生命命脈，不僅調節城市氣候，更是穩定的水源，在早期提供了水利之興。而蘇東坡和白居易在此任官之時，更修築了以其姓氏命名的蘇堤和白堤，更添欣賞西湖移步換景的樂趣。如今更是重要的觀光資源，每逢假日，總是吸引了許多慕

西湖亦有人文風景

名而來的遊客一睹風采，沿著湖岸探訪景點。

每當公佈中國最適合人居住的城市名單中，杭州總是名列前茅，佳評其實絕大部分功勞應該歸功西湖。每座美麗城市都少不了水的意象，水與生俱來流動與滑順的特性，往往使得剛硬繁忙的城市線條柔和不少，來杭州只為了西湖的大有人在。湖就在城市的精華處，城市發展也因湖增添靈氣。厭煩五光十色的的現代文明，只消一下子便能轉移身處之地，或坐船搖櫓面對萬頃碧波，眼前只有三面環山的湖水景色，與滿池蓮荷清香撲鼻，飄盪在湖中，

一切塵囂都消失無蹤；甚至在山林行走，探訪龍井茶的故鄉，喝上一口好茶，似乎煩惱也在蟬鳴清香中蒸騰而去了。

南宋立都於此就已有十景之選。蘇堤春曉、曲院風荷、平湖秋月、斷橋殘雪、花港觀魚、南屏晚鐘、雙峰插雲、雷峰夕照、三潭印月、柳浪聞鶯這十個景點，光景點名稱似乎就是一句小詩，頗符合唐代詩人王維所說「詩中有畫」的意境，讓人憑添想像空間。伴著朝代更迭，有些地方雖隨時間滄海桑田，但抓住西湖的美、好、妙，玩出西湖的興，依依不捨歸去。

WORLD HERITAGE 12

杭州西湖文化景觀（West Lake Cultural Landscape of Hangzhou）
▪ **入遺年份** 2011 ▪ **種類** 文化遺產 ▪ **國家** 中國

夕陽映西湖

波斯園林
The Persian Garden

—

玫瑰盛開的人間天堂

從以前到現在，人類對於死後的世界存在著不同的想像，天堂在哪裡？到不了的人千方百計用想像來描繪天堂，到得了的人雖親眼看到卻又因平行時空無法跟別人分享，我沒有死過，所以也不知道，但我相信天堂的形式絕對隨著時代改變，若說現在天堂沒有網路，那肯定不叫天堂，無怪乎有人說天堂只是延續現在所擁有的，再加上想要卻得不到的。所以天堂不但是一種環境的氛圍，也是一種心靈或物質的滿足。

也就是這份對天堂的想望，不同文化圈都用不同的形式打造天堂，平民百姓只要有飯吃，有遮風避雨之處，應該就覺得滿足，但錦衣玉食的王侯之家，飽暖思淫慾，追求的又是不同的享受。在古代的世界七大奇景中就已有巴比倫的空中花園，同樣在中東的伊朗，古波斯人打造了波斯園林，在居魯士大帝留下的故都帕薩加達就已有遺跡存在。

伊朗，有水有綠意的地方就是天堂，園林藉由水道或步道均衡的分成 4 等份，由中央水池朝四方流出，象徵伊甸園流出的 4 條河，亦包含祆教中世界由空氣、水、火、土四大元素組成。中央水池不僅具有象徵意義，搭配風塔使用，更有降低室內溫度的功能。園林裡的果樹，不僅提供遮蔽，更是食物的來源。

有機會進入伊朗的民家，規模雖沒園林大，但型式如出一轍，在伊朗的許多旅館、餐廳的中庭也都具備波斯園林的要素。古都伊斯法罕的阿拔斯飯店，在客房圍繞的中心就是波斯花園，這不是刻意建造的，而是這棟建築興建時的薩法威王朝，波斯園林早已成為上至達官貴人，下至平民百姓皆喜歡的建築必備條件。

波斯園林不僅出現在伊朗，更發揮無遠弗屆的影響，受到波斯文化影響的蒙古後裔在印度建立蒙兀兒帝國，著名的泰姬瑪哈陵就是世界最大波斯園林之一；在西班牙安達魯西亞的阿爾罕布拉宮的園林景觀，雖受來自北非的摩爾人建築風格影響，但追本溯源摩爾人也是向波斯人學習園林的設計後再行加以改良成自己的風格，在伊朗卡尚（Kashan）的 FIN GARDEN，是被列為世界遺產的波斯園林項目中，列名的 9 座園林保存最完整及最古老的一座。

一般民家也有小波斯花園

卡尚除了遠近馳名的園林，這座城市也充滿浪漫氣息，這裡是鄰近產玫瑰水的集散中心，5 月玫瑰盛開時也點綴著園林。若要挑選一種最普及代表浪漫的花朵，應該非玫瑰莫屬，而花型艷麗，花香濃烈的玫瑰亦是伊朗的國花，在彩色磁磚上，常常可見玫瑰的圖案，除了觀賞用途外，更可以玫瑰製水。花朵無法長久綻開，但透過技術，玫瑰的香味卻能濃縮在水裡，變成優雅的一種食材。

距離卡尚約 20 公里的昆姆薩（Qamsar），盛產一種名為「穆罕默德」的粉紅色玫瑰，用這種花製作出來的玫瑰水，每年被政府送往麥加，用於每年朝覲期間清洗麥加大清真寺，以及灑向前來朝覲的穆斯林。玫瑰水不僅可加進飲料、果醬，增添芳香；伊朗人也在婚禮時將玫瑰水噴灑在新郎新娘身上，在葬禮和掃墓時，把玫瑰水灑在墓碑上，有著各式各樣不同的用途。

WORLD
HERITAGE
13

波斯園林（The Persian Garden）

▪ **入遺年份** 2011 ▪ **種類** 文化遺產 ▪ **國家** 伊朗

波斯坎兒井
The Persian Qanat

—

不需要用電的空調

有朋友可能看到我在臉書哀嚎，因為疫情關係去不了每年夏季必去的新疆，因此在瓜熟蒂落的季節寄來兩顆宜蘭壯圍種的新疆哈密瓜，稍解口慾。去過新疆的人都知道，那裡夏季瓜果品質十分好，氣候乾燥加上夏季日照時間長，晝夜溫差大，種種條件都有利於瓜的糖分積累，一點都不誇張，吃瓜像吃糖，但又不膩，夏天吃瓜，真是汁液淋漓，特爽。

其實新疆產瓜的地方很多，品種也不相同。但為什麼叫哈密瓜呢？史料記載在康熙年間，哈密將瓜入貢，因為從哈密而來，所以統稱哈密瓜，地理上來看，哈密也是進入河套地區再到中原的鎖鑰之地，所以自然是集散運輸中心，雖然自己也種瓜，但臨近地區品質亦佳；就像芒果不見得全是種在玉井，只不過鄰近鄉鎮都將芒果送來玉井集散銷售，如此而已。所以若有人誤寫為哈「蜜」瓜，那只說明滋味，並未說明典故。

愈多風塔愈是有錢人家

全中國海拔最低，但氣溫最高的地方，就是在新疆赫赫有名的吐魯番窪地，這裡除了頗負盛名的葡萄外，其實也是哈密瓜的產地。實際造訪這裡，只覺遍地乾燥，看來十分缺水，為什麼還能發展農業呢？俗話說：種瓜得瓜，要在新疆得到一顆香甜的瓜看來也不是那麼容易的一件事。原來這裡的水都是搞地下活動，以前地理課本念到的坎兒井便是幕後功臣。

坎兒井並非新疆獨有，發源地在同為乾燥地區的伊朗，2016 年伊朗順利將這隱藏版的地下建築申請入遺。坎兒（Qanat）是井穴的意思，從古波斯向四面八方傳遞出去，西至摩洛哥，東至新疆，南到阿拉伯半島的阿曼，當地稱為法拉吉（falaj），都建有坎兒井作為當地取水用水的方式。

吐魯番看來荒蕪，還有西遊記裡熱到冒火的火焰山，但從天山流下的雪水滋潤了這裡，但若是明流，還沒流到田裡早已蒸發，所以當地人挖溝開渠將水引到地下，將高處水源引向較低處，也能防止蒸發和滲漏，整個吐魯番盆地共有坎兒井 1158 條，總長度達 3000 公里，這並非一人或一時完成，坡度也像羅馬水道橋一樣需要經過準確計算：坡度太大，水流會破壞侵蝕坎兒井；太過平緩，水流又難以流動，容易成為一灘死水，令人感受到人們為了在這裡活下去所做的努力。挖坎兒井也不是在地底鑿個長隧道即可，它由豎井、地下渠道、地面渠道和蓄水壩 4 個部份組成。首先在地面由高至低打豎井將地下水匯聚，然後用地下渠道將水導引到村莊成明渠，確保水源不會因炎熱及狂風而被蒸發或汙染。

在伊朗，坎兒井不僅提供生活用水，還能幫助降低室內溫度，伊朗的亞茲德古城也是世界遺產，這裡有著全世界最大的坎兒井系統，在市區就設有水博物館，說明坎兒井這座城市的關係。走在老城區裡，鄰近沙漠的傳統民居四周築厚土牆，對外無窗，避免熱風襲擊，但向內開窗，風通過風塔進入，再透過井水降溫，就算外面再炎熱，坎兒井的水依舊是冰冷的，有效調節室內溫度，這種古老的空調方法至今仍在使用，哪家風塔愈多，就是豪宅。甚至為了應付炎熱的夏天，以前還有儲冰塔，把從山上鑿下的冰塊座儲藏，或是在冬季前將塔內空間儲滿水，待冬天結冰後供來

古代大型冰庫

年夏天使用，看似不適合人居的地方，卻因為人類的智慧又創造出一片新樂園。

WORLD
HERITAGE
14

波斯坎兒井（The Persian Qanat）

▪ **入遺年份** 2016 ▪ **種類** 文化遺產 ▪ **國家** 伊朗

伊朗縱貫鐵路
Trans-Iranian Railway

—

歷經十年貫穿千里的伊朗之光

2021 年的世界遺產大會 7 月在中國福州召開，當我們只關注疫情時，世界仍然沒有停止運轉，大會中又通過新的世界遺產名單，其中讓我眼睛為之一亮的是伊朗縱貫鐵路，鐵路一直是我喜愛的交通工具，再加上是在我喜歡的伊朗，教我如何能不注意它。

鐵路是工業革命後出現的最新交通工具，一個國家的現代化過程，往往就伴隨著鐵路建設的進步，不論是殖民母國，或是被殖民國，鐵路的出現都能使貨暢其流，使得經濟、人員、文化的流動帶來發展的過程。

縱貫伊朗南北的這條鐵路始建於西元 1927 年，於 1938 年竣工，興建時伊朗正面臨西方列強企圖掠奪這個國家的資源，在種種不平等的環境下設置許多障礙與壟斷，但夸駕（Qajar）王朝禮薩汗在這樣的背景裡依舊實施大規模的經濟改革，實行新稅收政策，為興建伊朗自己的鐵路募集資金，並聘請西方工程師及企業展開

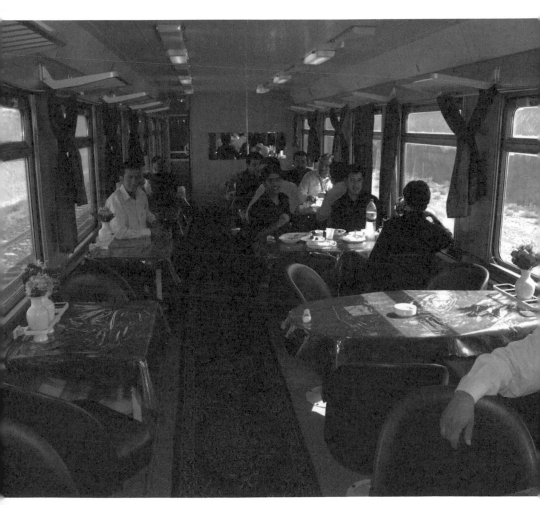

火車內的餐車

鐵路設計和建造。論規模,這條縱貫鐵路全長 1394 公里,沿途有 90 個車站,從北部裡海連結到南部波斯灣,穿越厄爾布士山脈和札格羅斯山脈,經過河流、高原、森林和平原各種地理環境,論難度,它克服了許多陡峭路線和歷經所需工程的困難,沿線有 174 座大型橋樑、186 座小型橋樑和 224 條隧道,其中包括 11 條螺旋隧道,簡直就是伊朗人的驕傲。

我第一次到伊朗自助旅行時曾經搭過從德黑蘭到艾華茲(Ahwaz)的路段,那時當然還不是世界遺產,這算超前部署嗎?其實世界

火車上遇到的阿妮絲一家人

遺產只是金牌加身,不管是不是世界遺產,只要喜歡它一樣也可
以在你心中占有一席之地,就像郭婞淳得金牌大家都是錦上添
花,莊智淵雖然沒得金牌,但大家對他的尊敬也不會少,運動員
每場比賽全力以赴就好,旅行者把自己要看的景色搞懂就好,沒
搞懂就不要在那邊叫選手沒實力,沒搞懂就不要在那邊叫不好
玩。

那趟旅行在臥鋪車上待了 16 小時,印象深刻的不是火車,反而是
在車上邂逅的阿妮絲(Enis)一家人,從陌生害羞到熟悉,最後

還去她們家住一晚，親戚朋友都跑來看我們外國人，帶我們上街挑衣服，教怎麼樣綁頭巾，坐在客廳的波斯地毯上享用媽媽準備的大餐，將桃子、葡萄等多種果乾塞到雞肚裡，再放到加入蕃茄醬的大鍋中熬煮，雞的精華融入湯中，也是饢餅最好的沾醬。煮好後再用小火煎到金黃色就大功告成，好吃到差點把手指吞了進去，入境隨俗放棄文明的刀叉，直接雙手萬能的大快朵頤。

雖然只待了一天半，但我們深深感受到他們全家的熱情，阿妮絲和堂妹合畫一個娃娃，在褲管上面寫下自己名字的第一個字母，送給我們做紀念，媽媽也做了三明治讓我們在路上充飢。真正離別時雖然只相處短短時間，但大家都哭得唏哩嘩啦，實在是捨不得，那次別離到現在都沒重逢，算算阿妮絲應該已經是 20 多歲的女孩了。

這是我喜歡火車的原因，不單單只是交通工具，有太多的情感故事發生在這列長長的載具上。

WORLD HERITAGE
15

伊朗縱貫鐵路（Trans-Iranian Railway）
▪ **入遺年份** 2021 ▪ **種類** 文化遺產 ▪ **國家** 伊朗

航空公司的標誌：會飛的文化遺產

—

從神獸、山羊到黑雞，各有所愛

卡達航空

被疫情搞了這麼久，大家都很懷念以前可以坐飛機的日子，想飛不只
是人類的渴望，更是在疫情下的渴望。以往搭機時，候機時很喜歡看
飛機，雖然不見得是搭乘那架班機，但看著各個不同航空公司機身上
塗裝不同的文字和圖案，總會想像坐上去後就能通往世界哪一個國家
與城市。

以前看書知道萊特兄弟因為羨慕鳥兒有翅膀可以飛翔而發明飛機，雖然只有鳥會飛，但有些動物奔跑的速度不輸給空中的鳥兒，動物有許多特殊的本領是人類所沒有的，也以此為想像基礎，衍生出許多虛擬的神話動物，許多航空公司的企業標誌，往往就夾雜這樣的概念在裡面，我把全世界的航空公司標誌扣除掉字體設計外分為三大類。

會讓我聯想到這樣的主題，是因為寫到阿拉伯大角羚羊作為卡達航空的標誌，像突尼西亞航空標誌是一頭公羊；吉布地航空標誌是一隻扭角林羚；坦尚尼亞精密航空標誌是隻奔跑健將的湯氏瞪羚；巴基斯坦航空標誌是隻有捲曲螺旋形的捻角山羊，是巴基斯坦的國獸；安哥拉航空公司標誌是隻大黑馬羚，是安哥拉特有物種，也是國家象徵。其實像鹿或羊這類草食性動物，生性膽小，所以碰到危險時，最好保命的方式就是三十六計走為上策，跑起來像飛一樣，當然成為企業識別標誌首選，這一類叫做「趕羚羊」。

人們嚮往飛翔，在還沒有飛機的年代，只能看禽鳥在空中來去自如，所以第二類「有夠鳥」應該是最常見的航空公司標誌設計靈感來源。具地方特色的包括日本航空的紅鶴；被稱為鷺城的廈門航空以白鷺鷥為標誌；海灣航空標誌是阿拉伯的獵鷹；中亞的塔吉克和土庫曼航空，

法老守護神：荷魯斯

不約而同都選擇高原上的雪鴿作為標誌；烏茲別克航空則是以哈薩克族崇拜的白天鵝作為標誌；以國鳥為設計藍圖的包括：美國航空的白頭鷹、斯里蘭卡的黑尾原雞、哥斯大黎加的褐背鳥。

波斯波里斯遺址的獅鷲

也許你會說我掛羊頭賣狗肉，明明聊的是世界遺產，卻講到恍如隔世，是不是被置入？其實我也好想被置入，我要的不多，只要以後搭機都能升等商務艙就好了！其實重點來了，第三類「奇葩獸」是文化裡的神獸，不僅出現在航空公司標誌上，也會出現在世界遺產，應該說當初設計就是來自於這些古代想像。像是文明古國中波斯有獅鷲（homa）：鷹頭獅身的神獸，象徵智慧與力量的結合，成為伊朗航空的標誌，傳說祂一生不斷在高空中飛行穿梭，從不停歇，在伊朗被看作是強大的吉祥鳥，在波斯波里斯的柱頭上就可看到；埃及的荷魯斯（Horus）是隻遊隼，是冥王奧西里斯之子，法老的守護神，也是王權的象徵，成為埃及航空的標誌，在埃及神廟壁畫雕刻皆可見；印度教的神鳥嘉魯達（Garuda），是保護神

毗濕奴的坐騎，竟然成為全世界最大的伊斯蘭國家印尼國家航空的標誌，在吳哥窟、印尼普蘭巴南皆可見到；塞爾維亞航空標誌是雙頭鷹，雙頭鷹是東羅馬帝國的國徽，也成為南歐斯拉夫民族的象徵；緬甸航空標誌是一隻長鼻、象牙、魚尾、飛馬的神獸賓沙魯巴，代表力量及上天下海的能力，被大量運用在寺院和皇家建築的立柱上。企業識別標誌和文化相結合，無疑是最好的行銷。

波斯波里斯（Persepolis）

▪ **入遺年份** 1979 ▪ **種類** 文化遺產 ▪ **國家** 伊朗

底比斯古城及其墓地（Ancient Thebes with its Necropolis）

▪ **入遺年份** 1979 ▪ **種類** 文化遺產 ▪ **國家** 埃及

CHAPTER 2

吃吃喝喝也有學問

喝土耳其咖啡得學會等待；

阿拉伯人可以每天只吃 7 顆椰棗維生！

戴上世界遺產皇冠的 Pizza 腰圍只能有 35 公分……，

讓我們一窺非物質文化遺產裡的飲食學問。

拉沃葡萄園梯田

Lavaux , Vineyard Terraces

—

肩負著神聖使命的葡萄酒

拉沃葡萄園緊鄰日內瓦湖畔

瑞士號稱「世界公園」，優美的環境與氣候，成為許多人的嚮往之地，而在這座公園裡，洛桑日內瓦湖畔附近有片拉沃（Lavaux）葡萄園，被列為世界遺產，今日的規模與型態可追溯到 11 世紀，由本篤會和西多會的修道士控制。如今長約 40 公里的帶狀梯田，是瑞士最著名的葡萄產地和葡萄酒釀造基地。

拉沃葡萄園沿山闢建，看來陡峭，但若善加利用瑞士國鐵系統，就可以輕鬆享受在葡萄園中健行的感覺。一般都會從洛桑（Lausanne）搭約半小時火車，來到位在葡萄梯田區上方的格朗沃（Grandvaux），出站後不用擔心走錯路，只要沿著鄉間小路往下往湖邊走去，靠近湖畔就可看見沿湖的鐵路路線，或是用手機定位埃佩斯（Epesses）車站，這段約 3 公里的路程沿途都是葡萄園，沒有上坡，非常輕鬆，也有許多酒莊可以品酒，但記得有些酒莊必須事先上網預約。另外要注意的是，風景雖然優美，若碰到太陽當空的好天氣時，沿途並沒有遮蔽物，所以要做好防曬措施，否則真的會像巴比 Q 一樣，連路邊葡萄感覺也失去水分快要變成葡萄乾了。不過這種天氣卻可以拍到無敵美照，葡萄園搭配日內瓦湖及遠山，煞是好看，若是天氣不佳，就會懷疑自己幹嘛走這一遭。

全世界傳統及新興的葡萄酒產地族繁不及備載，喝葡萄酒在現今

世界成為一種時尚或品味的象徵，但你可能會想，不過就是種葡萄或釀葡萄酒，有資格被列為世界遺產嗎？其實說到葡萄酒，在古希臘時期就有酒神戴奧尼修斯（Dionysus），是葡萄種植業和釀酒的保護神，他教會人們釀酒，也是古希臘農民最喜歡的神明之一，每年在酒神祭祀演出的「酒神頌」，也是古希臘悲劇的起源。戴奧尼修斯雖然教會了人們釀酒，卻沒有告知飲酒過度的後果，於是人類的本性藉由酒精的催化而顯露出來。

葡萄酒也富有濃厚的宗教意涵，與歐洲主要信仰的基督教息息相關。對基督徒來說，酒是上帝的禮物，但水能載舟亦能覆舟，酗酒過量反而是一種罪，而耶穌展現的第一個神蹟就在迦拿的婚禮上，將水變成葡萄酒；舉行宗教儀式時，必準備麥麵餅（基督聖體）和葡萄酒（基督聖血），參與的教友通過獻禮，跟隨基督奉獻自己，並領受所奉獻與祝聖的聖體聖血，就是領受了基督，這項傳統源自於耶穌受難前的最後晚餐，耶穌知道自己將被出賣赴死，當時就吩咐門徒以後要這樣做來紀念祂，因此領聖體聖血轉化為特殊神聖的意義。這也是為何到歐洲教堂裡常可在壁畫或玻璃雕刻中見到葡萄或葡萄藤的形象。

但在古代，要運送葡萄酒受到交通不便的限制，所以最理想的方式就是透過自給自足達成需求，在基督教全盛時期，教會得到來

沿著葡萄園間的小徑健行

自皇室貴族餽贈大量的土地和捐款，再不斷地購買土地擴展葡萄園，然後自行研究葡萄種植和釀酒技術，多餘的還能出售營利，成為一套運行順暢的商業模式，而且散播至各地，每一地所生產的葡萄酒因為風土氣候差異而各顯特色，也逐漸打響知名度，隨著旅遊蓬勃發展與觀光結合。

所以食物不只是吃吃喝喝填飽肚子而已，台灣雖然也釀葡萄酒，但卻少了這層文化蘊釀，有時淪為乾杯牛飲的杯中物，確實有些可惜。不過當我們在吃米食時，咀嚼出裡頭的文化卻又是西方人無法理解的醞釀！

WORLD HERITAGE 02

拉沃葡萄園梯田（Lavaux，Vineyard Terraces）

▪ **入遺年份** 2007 ▪ **種類** 文化遺產 ▪ **國家** 瑞士

日本人的傳統飲食文化

Washoku, traditional dietary cultures of the Japanese

—

抗飢餓的修行吃法搖身成為精緻料理

台灣對於日本總有種特殊的情懷，每3人出國，就有一個人目的地是日本，甚至把他鄉當故鄉，當然源自於歷史的因素必不可少，日本富士電視台就曾經來台灣報導過，就算是 made in Taiwan 的食品，只要外包裝印上日文，依舊賣的嚇嚇叫，至於日文有沒有拼錯不重要。在疫情不能出國的時候，許多人還是會靠在台灣吃日式餐廳，上網路購買日本的食材，來回憶曾在日本的種種，旅行回來後的續命丸有時真的就靠食物了，在台灣永遠不缺也最受歡迎的餐廳大概也是販售日式食物的餐廳。

我從冷凍庫裡挖出一包烏龍麵當早餐，也無意間勾出旅行回憶。烏龍麵是在日本旅行途中最常吃的食物了！不管早餐、午餐、晚餐、宵夜都適合，份量剛剛好，價格也平民，我也記得在冷颼颼的日本車站月台，點上一碗立食烏龍麵後，由嘴巴蔓延至胃裡那份暖暖的幸福感，有時食物不只是填飽肚子而已，吃下去的是回憶和溫暖。

圖片提供：陳麗秋

在世界遺產中的非物質遺產，和食文化是其中一項。官方認定的「和食」其實是：以米飯為中心，加上魚或肉、蔬菜、海藻、豆類等菜餚所組成，兼顧營養均衡且涵蓋日本各地的農漁產品，可以歸納出幾項特徵：一、多樣化的新鮮食材，珍視食材特有的味道。二、營養均衡有益於健康的飲食習慣。三、表現自然之美和四季輪換。四、與傳統節慶密切結合。其實這與現代人講求慢食的精神不謀而合：吃在地、吃當季、吃原型。

日本面積約台灣 10 倍大，海岸線、山地都崎嶇綿長，所以一方水土養一方人，造就了許多地方美食與當季旬味，再加上地處溫帶地區，四季分明，不同季節也造就出不同的食材，日本也是愛吃生食的民族，無論生魚片、生馬肉、生牛肉，認為生食可以展現食物本身優點，不讓過度烹調掩蓋食物原味，成為最具「和風」的料理方式。這樣的飲食習慣也造就了日本成為已開發國家中最長壽的國度。

但在明治維新後，大量的西方文化進入日本，使得日本飲食文化出現極大變化麵包比米食受到歡迎，提高了動物性蛋白質和動物脂肪的攝取，加上加工食品的盛行，造成高血壓、動脈硬化等現代文明病的大幅增加。

圖片提供：陳麗秋

今天早餐吃的烏龍麵自然也是和食中重要的一環，說到烏龍麵當然想到讚岐烏龍麵，就像說到鳳梨一定想到關廟一樣。讚岐是古代令制國，在今天四國香川縣，據說 8 世紀故鄉在讚岐的真言宗宗師空海前往中國唐朝，帶回家鄉的不只佛法，還帶回麵的製法，也就是現在的讚岐烏龍麵。

和食的極致表現呈現在懷石料理。「懷石」原本指的是佛教僧人在坐禪時在腹上放上溫熱石頭以對抗飢餓感，現在成為高檔飲食的代名詞，不過真正吃懷石料理可能還是要抱顆石頭，因為它不是吃飽，而是吃巧，不論食材、餐具或場地的呈現都像是藝術品，講究一點的還要求不要噴香水和戴飾品，以免干擾用餐時的味嗅覺，也避免刮傷所費不貲的餐具，把飲食帶離了生理需求，推高成為追求美的境界，只不過凡人如我，從天堂返歸後還是得再嗑一碗拉麵彌補稍嫌空虛的胃。

和食：日本人的傳統飲食文化

（Washoku, traditional dietary cultures of the Japanese）

▪ **入遺年份** 2013 ▪ **種類** 非物質文化遺產 ▪ **國家** 日本

地中海飲食
Mediterranean diet

—

想在希臘脫單你需要橄欖油

地中海飲食被列入西班牙、葡萄牙、希臘、摩洛哥、義大利、克羅埃西亞等國家共同擁有的非物質文化遺產,一提到地中海飲食,想到的多半是健康,醫學報告顯示,具備地中海飲食習慣的國家居民,罹患心臟病的機率較低,普遍壽命也較長。

地中海飲食有許多標準,但橄欖絕對是靈魂所在。希臘神話裡敘述橄欖樹的由來,是戰神雅典娜(Athena)和海神波賽頓(Poseidon)競爭雅典的守護權,波賽頓變出戰馬,雅典娜將長槍射向大地,瞬間化為代表和平與豐美的橄欖樹,人們當然喜歡和平而非戰爭,感謝當年雅典人明智的選擇了雅典娜,否則我們就嘗不到地中海料理了。

以希臘為例,許多菜餚都用相當多的橄欖油。說希臘人吃橄欖油像喝水一樣,可是一點都不誇張的形容,一個人一年可以吃掉約18公斤的橄欖油。我們家中的橄欖油,可能就一瓶煎、煮、炒、

炸樣樣來，但希臘人的家中絕對不只一瓶，橄欖油可以當奶油，揉出緊實的主食麵包；也可以當醋，醃漬出許多的蔬果生鮮；也可以當鹽，風乾或醃過的豬肉與香腸，便可用油封起以貯存過冬；也可以當麻油，濃湯端上桌，滴上幾滴金黃的橄欖油，更能激出鮮香。真是一油在手，妙用無窮。

橄欖樹在希臘文化中扮演非常重要的角色與意涵，希臘人從出生到死亡，都和橄欖樹脫不了關係。橄欖樹象徵生命，因此嬰兒出生受洗宗教儀式過後，必須塗上橄欖油；橄欖樹也象徵重生，因此當希臘人死後，墓前必須插上一排橄欖樹的枝條。它同時也具有和平與勝利的意義。

希臘醫藥之父希波克拉底（Hippocrates），也曾經把橄欖油當作藥膏塗抹在傷口；它同時也是愛情的表徵，希臘有句諺語說：「如果你吃橄欖油，今晚就來我的懷抱裡；如果你吃奶油，那麼今晚就待在家中獨自一人吧！」；橄欖油甚至能當建材，希臘人把橄欖油和水泥和在一起攪拌，作為興建教堂的接著劑；漁夫將橄欖油倒進海中，海水會平靜無波，而且漁夫能更清楚的看見海中的魚兒，滿載而歸；在沒有肥皂的年代裡，古希臘人用橄欖油塗抹在身上洗滌與保持滋潤，而到今日，橄欖油肥皂更是成為當地人與觀光客的最愛。

有則關於希臘飲食的笑話：每當夏日村裡的婦人叫喚自己的先生回家吃午飯時，總是會叫道：「再不回來吃飯，菜就變熱了！」但卻也可以從中看出希臘飲食的特性，爽口的冷食在希臘菜中佔了非常重要的角色，而且希臘人認為吃冷食是有助消化的。

也許在一般觀光客的眼中，食物裹上一層油膩膩的橄欖油，實在叫人難以下嚥。但地中海飲食也有平衡之道，除了少肉多菜，便是善用天然調味。例如數量可與橄欖樹媲美的自然果酸——檸檬、柑橘，還有私家釀製的葡萄酒醋，都是最天然的去油解膩方。另外地中海俯拾皆是的新鮮香草與來自中亞的香料，如鼠尾草、月桂、肉桂、茴香、百里香、奧勒岡、紫蘇、迷迭香等，更輕巧地化重油於無形，只留清新的果草香，與適口的酸鹹甘醇。

但畢竟飲食這習慣是從小根深蒂固的，健康的通常不好吃，好吃的通常不健康，以我為例，偶爾吃還不錯，天天吃如同牛吃草。如果科學證明地中海飲食不會地中海禿頭，那麼應該就更多人會吃了吧！

WORLD
HERITAGE
03

地中海飲食（Mediterranean diet）

▪ **入遺年份** 2013 ▪ **種類** 非物質文化遺產

▪ **國家** 塞浦路斯、克羅埃西亞、希臘、西班牙、葡萄牙、義大利、摩洛哥

土耳其咖啡文化傳統
Turkish coffee culture and tradition

—

不懂門道就如在吃土的咖啡

Coffee？ Tea？ Or me？相信各位看倌絕對選擇前兩種，不會選擇我，其實前兩種是全世界飲用最多的兩種天然飲料，不要跟我說是可樂，那不天然，雖然它可能排名第一。

在台灣喝咖啡的人口愈來愈多，品味也愈來愈講究，不單單只是飲料，而是由此衍生出一種生活文化與品味象徵。咖啡原產地在非洲衣索比亞，最早傳入阿拉伯半島，Coffee 這個詞，就是來源於阿拉伯語 Qahwa，意思是「植物飲料」，後來在西元 1555 年，2 名敘利亞商人將「咖啡」帶到土耳其，受到帝國蘇丹貴族的喜愛。而在 1683 年，鄂圖曼軍隊對哈布斯堡王朝發動了維也納之戰，這場戰役也是鄂圖曼由盛轉衰的轉捩點，鄂圖曼在大敗後倉皇離開，一個曾在土耳其生活過的波蘭人從鄂圖曼軍隊的營房拿走一袋咖啡，他後來在維也納開了第一家咖啡店，自此咖啡正式傳入歐洲。

葡萄藤蔭下悠閒喝土耳其咖啡

土耳其咖啡

因此非物質遺產中，土耳其咖啡文化與維也納咖啡文化紛紛列名
其中，土耳其和維也納都不產咖啡豆，卻都有咖啡品項以它為名。
奧地利作家彼得‧艾頓柏格（Peter Altenberg）：「如果我不在咖啡
館，就是在往咖啡館的路上。」更是大家耳熟能詳的名句。

想煮一杯好的土耳其咖啡，要將咖啡粉放在名為 cezve 的專用銅製
長柄咖啡壺內煮，傳統的煮法不是直接用爐火加熱，而是將細沙
加熱後，把銅壺埋在熱沙裡面，開始冒泡時，便可把咖啡壺從沙
裡移開，在表面充滿一層泡沫，表示主人對於賓客的歡迎，再將

咖啡倒入瓷杯內來慢慢品嘗。因為土耳其也是信奉伊斯蘭教的國家，因此咖啡杯具上的圖案多是花草圖案，最常見的是鬱金香圖紋，從鄂圖曼土耳其帝國到現在的土耳其共和國，鬱金香始終是國花，就連以鬱金香著名的荷蘭，也是 16 世紀時將鬱金香從土耳其引進荷蘭發揚光大，自然成為大家喜愛的花樣。

接過剛煮好的咖啡，千萬不要急著一口喝下，因為土耳其咖啡通常不濾咖啡渣，要等咖啡渣沉澱後再喝，免得有吃土的感覺，不濾咖啡渣是因為喝完將杯倒扣在盤中，以咖啡渣呈現的圖形還

土耳其軟糖

可以用來占卜，有些傳統的土耳其咖啡館還有占卜師的存在。如果想喝甜的，糖在煮的時候就加入咖啡壺一起煮，若是單喝土耳其咖啡味道微酸，所以通常也搭配小型甜食來享用，土耳其軟糖（Lokum）是最普遍與土耳其和咖啡一同食用的點心，口感有點像新港飴，會放入玫瑰水、番紅花調味調色，對我們來說吃上一顆就甜得發膩，但土耳其人卻愛不釋口。

土耳其咖啡都是以小杯飲用，搭配一杯水，我覺得並不好喝，但人們喝的並不只是一杯咖啡，人們會以咖啡會面交談、分享消息、看書，延伸出好客、友誼、優雅及休閒的象徵，不只土耳其有土耳其咖啡，曾受鄂圖曼帝國統治的國家，都飲用土耳其咖啡。

希臘 15 世紀就被鄂圖曼帝國統治，也是最早脫離鄂圖曼統治的國家，歷史的糾結加上 1974 年土耳其入侵以希臘裔為主的塞浦路斯，雙方關係更為緊張，在民族主義與反土耳其的情緒下，土耳其咖啡因為政治問題而被改稱為「希臘咖啡」，企圖抹去名稱背後的土耳其歷史，其實換湯不換藥，一杯咖啡，是苦是甜，喝下去的人才心知肚明。

WORLD
HERITAGE
04

土耳其咖啡文化傳統（Turkish coffee culture and tradition）

▪**入遺年份** 2013 ▪**種類** 非物質文化遺產▪**國家** 土耳其

韓國泡菜製作與分享

Kimjang, making and sharing kimchi in the Republic of Korea

—

唯一入遺的醃漬飲食

說也奇怪，每逢重大國際賽事，尤其像棒球、跆拳道、射箭等這些項目，我們都會碰到韓國，真是冤家路窄，愈討厭他愈容易狹路相逢，有時確實技不如人，但我們當應援團的，氣勢上可不能輸，總是想盡辦法在嘴巴上不饒人，這時已經成為韓國人標誌的泡菜，總是能拿來意淫一番，透過大啖泡菜來滅他人威風。

我曾經在尼泊爾爬山，途中碰到韓國人，爬山的過程當然背包是愈輕愈好，只見午餐休息時，韓國人硬是從背包裡拿出了泡菜即食包，其他行李都請挑夫，泡菜再重都自己背，一天不吃泡菜似乎渾身都會不對勁。到韓國餐廳，點的菜還沒來，往往幾碟泡菜已上桌，小菜比點的菜還多，無論貧富貴賤，餐桌上一定不會缺少泡菜。韓式泡菜種類繁多，若按材料分類，大約共有 187 種：白菜泡菜 25 種、蘿蔔泡菜 62 種、黃瓜泡菜 10 種、海藻類泡菜 5 種、其他蔬菜泡菜 54 種，最有名的當屬被稱作 Kimchi 的辣白菜泡菜，

鮮紅刺激食慾的各式泡菜

2021 年 7 月 22 日，南韓文化體育觀光部正式發表一份文件，將韓國泡菜（Kimchi）的標準中文譯名，從「泡菜」變更為音譯的「辛奇」，可能像當年漢城正名為首爾那般新奇，總會經過一段名稱辨別陣痛期，但不會變的是那酸辣的味道及爽脆的口感。

泡菜吃起來一口接一口，製作過程卻耗時費力，但傳統韓國家庭都會自製泡菜，因為需要人手眾多，家人鄰居會互相幫忙，自然形成了彼此間認同感和歸屬感，就像以前我們過年全家老小準備年菜，忙碌的過程中，填飽的不只是肚子，更是一種儀式感的凝聚及傳承過程。泡菜製作過程也隨季節週期準備食材，在春天醃製及發酵蝦、鯷魚及其他海鮮，夏天準備海鹽並將紅辣椒曬乾並研磨成粉，秋天大白菜生產就可製作泡菜，問韓國人哪裡的泡菜最好吃？不由分說有媽媽味道的泡菜永遠是第一名，這會在舌頭上留下記憶，也因為這些原因，韓國泡菜製作與分享被列為非物質世界遺產。但隨著社會變遷，跟台灣過年一樣，自己準備年菜的機會少了，團購或到餐廳吃年夜飯的比例增加了，大家都說年味愈來愈淡；同樣吃泡菜的人口不減，但選擇到超市買現成泡菜的愈來愈多，理由都是因為在家做泡菜很麻煩，原來具代表性的韓國泡菜，隨著進口泡菜的低價競爭，進口比重約占 35%，許多餐廳都使用進口的泡菜，而最大的生產國就是中國，引起韓國對文化流失的憂心，也引發兩國對泡菜的爭論。

其實泡菜不是韓國的專利，韓國是屬於緯度較高的國家，冬天寒冷漫長，蔬果缺乏，當地居民冬天無新鮮蔬菜可用，因此人們在蔬菜盛產期以醃漬的方法保存蔬菜，以維持冬天所需。不只韓國，同屬溫帶地區的日本有漬物文化，中國東北有酸白菜，去過的中東伊朗也有許多醃漬的蔬菜，這是根據氣候因地制宜所發展出的飲食習慣。16世紀前，韓國泡菜只有鹽和香料，之後辣椒傳入韓國，加入辣椒可減少鹽的使用量，也減少發酵時間。也許是對自己的文化自信，放眼全世界也只有韓國將這樣的醃漬飲食文化申請入遺。

泡菜跟金蘭醬油一樣每飯不忘，除了深植味蕾中的 DNA 外，從養生角度看來，泡菜內含豐富的乳酸菌和維生素，泡菜中的辛香料也有殺菌與促進消化酶分泌的作用，而加入蝦醬、海鮮醃製，更增加豐富的蛋白質，算是一種健康食品，對人體有益，當然更希望的是：多吃可以打敗韓國隊。

WORLD
HERITAGE
05

韓國泡菜製作與分享

（Kimjang, making and sharing kimchi in the Republic of Korea）

▪ **入遺年份** 2013 ▪ **種類** 非物質文化遺產 ▪ **國家** 韓國

拿坡里拋披薩皮技術
Art of Neapolitan 'Pizzaiuolo'

—

腰圍不能超過 35 公分的披薩選秀

台灣是個美食寶島，而且各國食物來到台灣，為迎合國人口味，再加上自己的創意，往往又獨樹一幟成為無國界料理，某速食連鎖店推出「香菜皮蛋豬血糕」披薩，引發一波訂購風潮，初看以為有人故意惡搞，試吃後正反意見都有，食物這東西本來就很主觀，不予置評。不過台灣人除了愛吃外，對食物更有無限的嘗試精神，美其名叫無國界料理，其實有時就像我面對家裡冰箱裡剩下的食材，抱著實驗精神試水溫，把原來可能變廚餘的噴物變成食物，也滿有成就感的，只要中一個就能開創先河，蹭一波熱度。

其實披薩在台灣早就不是披薩了，是把披薩皮當餐盤的 buffet，只要喜歡甚麼料自己加，連龍蝦鮑魚都可以。披薩不只是速食，更是有文化，歷史上最早描述類似披薩的食物出現在拿坡里，在拿坡里附近的羅馬龐貝遺址，也出土類似賣披薩的店舖，因此拿坡里的披薩被列為非物質遺產。

披薩除了用料外，餅皮也有差異，據說義大利北部較富有，所以餅皮邊緣較薄，南部農人要吃粗飽，所以邊緣較厚，還有一種「pizza al taglio」矩形披薩，按重量切割販售。傳統拿坡里披薩用水、麵粉、鹽巴、酵母製成麵團，師傅也會把披薩麵團高高甩上空中，除了招式漂亮外，也是披薩餅皮好吃的重要關鍵，主要是讓麵團在旋轉過程中與氧氣充分結合，接著在木火爐中烘烤，傳統拿坡

里披薩麵餅較薄，邊皮在烘烤時會膨脹，口感跟台灣連鎖店的軟餅皮截然不同。

披薩曾經是窮人的食物，現代的披薩約莫在 18 世紀出現，對義大利人來說，拿坡里披薩只有 2 種風味：Marinara（番茄、大蒜、奧勒岡葉、橄欖油），以及 1889 年，一位當地的披薩師傅為 Margherita 王后到訪而創作的 Margherita 披薩，這款披薩食材的顏色構成別具匠心的與義大利國旗一致：紅、白、綠（番茄、莫札瑞拉奶酪、羅勒、橄欖油），簡單就美味。

發現了沒？2 款披薩都使用了番茄，就算披薩很早就被食用，但當時肯定沒使用番茄，因為番茄和馬鈴薯一樣，都是原產於中南美洲，都是屬於茄科植物，16 世紀被引進歐洲，如今普遍使用在歐洲料理中，不過最開始時它被當成有毒的食物，直到 18 世紀歐陸發生飢荒才改變對它的看法。台灣的番茄是在 17 世紀初荷蘭人引進的，只要有個番，一看就知道是舶來品，番椒、番石榴、番仔火都是。

也許你不以為然，這麼簡單的東西也能列為世界遺產？標準到底在哪裡？其實真正的拿坡里傳統披薩必須是以燃木圓頂烤爐烘烤，麵皮必須全手工不得使用機械設備，披薩直徑不得超過 35 公

分，中心厚度不可超過 1/3 公分。甚至有些著名披薩店自我要求更嚴格，例如只使用維蘇威火山斜坡上生長的聖馬扎諾番茄、只能順時針方向淋上橄欖油和放置番茄配料。這些美食遺產能申請成功，不是在於口味，而是這些食物的存在促進了一地或一國的歸屬感以及凝聚力，它透過家庭世代相傳，也透過分享增加認同感，我們吃的是披薩，而拿坡里人吃下肚的是義大利國家文化和美食傳統的重要部分。

對了！改天來試試看「草枝擺更營養大雞排」口味的披薩，不知道會是怎樣的味道？也許我也是被旅遊耽誤的披薩師傅。

WORLD
HERITAGE
06

拿坡里拋披薩皮技術（Art of Neapolitan 'Pizzaiuolo'）

▪ **入遺年份** 2017 ▪ **種類** 非物質文化遺產 ▪ **國家** 義大利

椰棗樹、知識、技能、傳統和做法
Date palm, knowledge, skills, traditions and practices

—

阿拉伯版檳榔

來到阿拉伯世界旅行，不管造訪一般人家或是到商店買東西，一旦碰上熱情的當地人，所端出來招待訪客的食物中，必定會有一盤椰棗。在阿拉伯世界幾乎無處不見的椰棗，從古至今一直是阿拉伯人的主要食物。因為在沙漠的炎熱氣候中，含有近七成糖份的椰棗，本身自帶天然防腐劑，能夠長期保存不會腐爛。

椰棗的生命力十分驚人，只要少許的水，椰棗樹就能生存長大，經年累月的貢獻果實，特別適合沙漠地區的種植。在以色列，更有科學家讓古代遺址出土距今約兩千年的椰棗種子，再度萌芽生長。而人類種植椰棗的歷史也早從七千年前就已開始，當時埃及人在尼羅河流域栽種椰棗。無論是在中東地區原住的柏柏爾人、埃及人、西克索人，還是後來移民的腓尼基人、希臘人、羅馬人、汪達爾人、阿拉伯人，在其文化及日常生活中都離不開椰棗。

每一棵椰棗樹平均每年可以生產 100 ～ 150 公斤的鮮棗，而椰棗

上：沙漠綠金椰棗樹 / 下：在中東，椰棗是招待客人必備的小點

樹齡更可長達 200 年。當椰棗的顏色由鮮黃轉為微棕，就可開始
採割。椰棗園裡正在忙著採收的大叔隨手遞了一顆椰棗給我解
饞，我滿心歡喜的接了過來，嘴裡琢磨著這新鮮的椰棗，味道清
甜卻仍然帶有澀味，要變成平日所吃的深咖啡色蜜餞，還得需要
經過醃漬手續。雖然是在陌生國度，但對於我們來說，卻又有那
麼一點熟悉的感覺。椰棗和在台灣路邊販賣的台灣口香糖：檳榔
都同屬棕櫚科，也見得到一攤攤的家庭手工將顆顆「綠金」加工
後再食用，和椰棗一樣具有高經濟價值，雖然距離數千里之遙，
氣候、環境是那麼的截然不同，但卻有讓人似曾相識的感覺。

在文化上椰棗也對阿拉伯人的生活產生影響，椰棗生長的地區幾
乎都是信奉伊斯蘭教的國家，沙烏地阿拉伯的國徽上就有椰棗
樹，代表著農業，也說明椰棗對其重要意義。在沙漠綠洲裡，農
業種植採分層管理，最下層種蔬菜，中層種果樹，最上層就是椰
棗樹，高大的椰棗樹可幫蔬菜、果樹遮蔽太過強烈的陽光，因此
椰棗樹如同中國的松、竹、梅，被拿來形容一個人高風亮節、慷
慨奉獻。

每到齋戒月期間，穆斯林從日出到日落期間都無法飲食，在日落
後要進食前，通常都會先吃幾顆椰棗開齋，在日出前要禁食前，
也會以椰棗作為封齋前的最後進食。聖經與可蘭經都有提到這種

食用植物，先知穆罕默德以椰棗為食，椰棗具有人體所需的絕大部分營養，包括 7 種以上維生素。古代的阿拉伯戰士出征時，都不忘帶上一袋椰棗，據說只要每天吃 7 個椰棗就能夠維持生存，是所謂的「生命之果」。在沙漠綠洲，動輒數十萬棵的椰棗樹所生產的椰棗，便成為這些國家重要的經濟作物，而全世界最大的椰棗生產國在伊拉克。

除了食用外，椰棗每個部分都還有其他的用途。乾燥的椰棗葉可覆蓋屋頂或牆壁，可以當作燃料，也可以編成籃、筐、蓆子等日常器具，更可以圍成籬笆防止強風吹襲土壤；樹幹還可當房屋樑柱的建材，樹蔭更是沙漠商旅休息蔽日的好地方，可說渾身上下都是寶，阿拉伯人美好的生活絕對少不了它。

WORLD
HERITAGE
07

椰棗樹、知識、技能、傳統和做法

- **入遺年份** 2019 • **種類** 非物質文化遺產
- **國家** 巴林、埃及、伊拉克、約旦、茅利塔尼亞、摩洛哥、阿曼、巴勒斯坦、
  沙烏地阿拉伯、蘇丹、突尼西亞、阿拉伯聯合大公國、葉門

極具特色的椰棗葉編織品

新加坡的小販文化
Hawker culture in Singapore
—
用人情當調味料的庶民美食

新加坡是個由華人、印度人、馬來人和外國人組成的多元族群國家，不僅族群血統不同，生活及飲食習慣也有所差異。19世紀從中國到新加坡的第一代移民，為了養家活口，就推著食物攤車沿街叫賣，而到了1970年代，新加坡將這些流動或露天擺攤的小販，配合國家的住宅組屋政策，集中到一棟棟的社區裡，形成了小販中心。

其實這類食肆，在亞洲國家常可見到，如同香港大排檔和在台灣街頭巷尾的小食攤，迷人的地方就是可以以低廉的價格卻又不失美味的味道滿足外食族的胃，而且因為有著地域上的接近性與熟識，往往就又添加了一份人情味當作調味料。但通常這類攤位在都市發展進步過程中，又極易被歸類為都市之瘤，到最後不得不集中管理，但最後結果又因為高昂的租金而提高售價，消費者寧願多花一些錢去環境更佳的購物中心美食街，納入管理後有時候反而少了接地氣的底蘊，偶爾去吃的就只剩一份記憶。

所以被列為世界遺產到底是延續還是加速小販文化的毀滅？知名度提高了，原先的社區客群轉變成為慕名而來的觀光客，社區做的是持久永續的生意，若是老闆一念之差只想做一次觀光客的生意，那麼可能性價比會減低，名氣反而成為絆腳石，台灣的士林夜市就是最好的例子。再者這些小販攤主年事漸高，下一代不見得願意接手，也使這項風景面臨消失危機。

走進小販中心，各式料理都有。新加坡華人多從中國東南沿海移民至此，從事勞動工作的他們，早餐不吃燒餅油條，也不時興美而美的改良西式早點，他們習慣來碗添加藥材與蒜頭熬煮的香噴噴肉骨茶，配上白飯，沾上醬油、紅辣椒，一天的精神元氣從此開始。現今苦力早已消失，但肉骨茶依舊受到華人喜愛。原本悶熱的早晨，喝下一碗，全身毛孔張開發汗，反而感覺到有微風徐徐，暑熱頓時被沖淡不少。

新加坡因地處熱帶，中午常是食慾全無，但看到油亮的海南雞飯還是食指大動，吃下去更是胃口大開。和廣式的油雞不同，雞飯的雞肉一樣鹹香滑嫩，但較清爽不油膩，沾上特製的辣椒醬，配上用雞湯蒸煮的米飯、一碗清雞湯，簡單的食材，卻蘊含讓人回味無窮的味道。海南雞飯是屬於街角巷尾的路邊美食，大口用湯匙舀著吃，飯店裡的精緻雞飯反倒吃不出那種獨特屬於庶民的美

味。炒粿條、雲吞麵一樣以誘人的香氣勾引著食客的味蕾。

若不想吃中式的，也有印度式可選擇。印度是出了名的擅於使用香料，也是顏色的魔術師，飯可以不好吃，但顏色可不能不漂亮。在小印度竹腳市場裡的薑黃飯，不僅顏色鮮豔，裡頭更加入了 20 多種的香料烹煮，看起來顆顆分明的金黃色長米粒，並不乾澀，卻也不太濕黏，恰到好處，搭配同樣以香料燉煮的羊肉與雞肉，再點上一杯冰涼現做的印度拉茶，風味獨具。用餐時間往往大排長龍，得排上 15 分鐘左右，許多人不僅自己吃，更會打包帶回家和家人分享。馬來口味的叻沙、沙嗲，也有著令人脾胃大開的特點，就算不是正餐時間，依舊能看到三五好友叫上啤酒配著沙嗲，就是新加坡式的下午茶時光。

WORLD HERITAGE 08

新加坡的小販文化，多元文化城市背景下的社區餐飲和烹飪實踐

▪ **入遺年份** 2020 ▪ **種類** 非物質文化遺產 ▪ **國家** 新加坡

烏克蘭羅宋湯烹飪文化
Culture of Ukrainian borscht cooking

—

需要被緊急保護的精力湯

圖片提供：陳麗秋

廣東人愛煲湯是出了名的，由於廣東氣候潮濕，用食材搭配藥材，不僅可以去除體內濕熱，湯水的營養更容易被人體吸收，彌補因天氣炎熱導致胃口不佳的不足營養攝取；遠在歐亞大陸另一端的斯拉夫民族也愛喝湯，被視為國菜的羅宋湯，在天寒地凍白雪皚皚的氣候裡，喝上一碗熱騰騰，顏色熱情如火的羅宋湯，身子肯定一下子就暖了起來。但一場俄烏戰爭，影響世界甚鉅，從能源危機、通貨膨脹到地緣政治，都因為這場人禍起了翻天覆地的變化，甚至還影響了這流傳已久的一鍋好湯。

2022 年 7 月，聯合國教科文組織宣布將烏克蘭的羅宋湯烹調文化，列入聯合國教科文組織「需要緊急保護的非物質文化遺產名錄」。戰時農業生產幾近停頓，食材取得不易，能夠吃飽已是奢望，無法講究食物的精緻與記憶，但烏克蘭人喝這碗羅宋湯，喝的是家的味道，懷念的是團聚的氣氛，而這些共同記憶，正因俄烏戰爭威脅到羅宋湯這道湯品的文化續存能力。

烏克蘭提出這項申請，火速得到聯合國通過，當然引起俄羅斯跳腳，被視為西方國家不僅經濟要制裁，如今連在文化上也給自己穿小鞋，本是同根生，相煎何太急，俄羅斯認為正宗羅宋湯起源在自己，當然又引起一番論戰，其實俄羅斯與烏克蘭都是斯拉夫民族，而羅宋湯便是發源於斯拉夫民族的濃菜湯，東歐與中歐皆

可見到。但就算是都喝羅宋湯，每個地方的口味都還是有些許的不同，當真是一碗湯品，各自表述，這也可以理解，台灣的麵線糊亦有蚵仔、大腸、赤肉或是柴魚清麵線之分，也都有其擁護者，也早已無從判斷到底誰才是正宗。

一方水土養一方人，傳統羅宋湯的食材有洋蔥、馬鈴薯、胡蘿蔔、菠菜和牛肉塊，都是營養豐富的食材，早期對於大量勞動過後需要補充體力的農民是最便宜且容易取得的精力湯。湯品呈現的紅色是這碗湯最重要的靈魂，色彩取材自甜菜，之所以叫「羅宋湯」，並不是姓羅和姓宋的人發明，而是因為當初傳入上海，由於是俄羅斯人帶來的，所以把它叫做「Russia soup」，而上海話的腔調，便把 Russia 翻譯成羅宋，這種南腔北調的洋涇幫翻譯在真相大白後，還真是逗趣。

有趣的是，羅宋湯雖然是斯拉夫族的國菜，但仔細看看這碗湯的內容其實就是世界貿易的縮影，除了甜菜原產在歐洲外，洋蔥、胡蘿蔔、菠菜原產地在中亞地區，馬鈴薯是大航海時期西班牙人從南美洲帶回，如今成為歐洲重要的主食之一。就算在東方喝的羅宋湯因為甜菜不易取得，常以番茄或番茄醬代替，許多人也喜歡再放入高麗菜熬煮增添甜味，但原產地在中南美洲的番茄，和幾乎成為國菜的高麗菜傳入台灣，其實也都是荷蘭人在大航海時

圖片提供：陳麗秋

期帶來的，喝下一碗湯就幾乎喝下了全世界。希望當俄烏戰爭結束，全世界的人都能夠喝上一碗羅宋湯，迎接和平的到來，而不管是俄湯，還是烏湯，只要能暖了胃、開了脾，就是一碗好的羅宋湯。

WORLD
HERITAGE
09

烏克蘭羅宋湯烹飪文化

▪ **入遺年份** 2022 ▪ **種類** 非物質文化遺產 ▪ **國家** 烏克蘭

CHAPTER 3

歷史裡的那些事

為紅顏不惜一戰的特洛伊戰爭、消失的邁錫尼文明、
歷經殖民命運的維甘和澳門、
躲過幕府時代天災人禍的姬路城……
歷史宛如一面明鏡，從這些千年前的歷史事件，
或許也能看見彷彿現今世界的縮影！

伊斯坦堡歷史區
Historic Areas of Istanbul

—

東方與西方戰爭的搖滾區

博斯普魯斯海峽旁的藍色清真寺

疫情在蔓延，但世界並沒有因此停止轉動，許多事情也仍然在發展。2019 年，伊斯坦堡新機場啟用，以前常去的阿塔圖克舊機場走入歷史，2021 年又舉行伊斯坦堡運河動土典禮，自此，伊斯坦堡的歷史又往後翻了一頁。長期以來，黑海進入地中海，博斯普魯斯海峽－馬爾馬拉海（Marmara）－達達尼爾（Dardanelles）海峽是必經且唯一之路，現任總統艾爾多安決定要人工開鑿一條長 45 公里的運河，紓解原本博斯普魯斯海峽忙碌的船運。

伊斯坦堡是我喜歡的城市之一，以興建者君士坦丁大帝為名稱君士坦丁堡，博斯普魯斯海峽劃開了歐、亞大陸及伊斯坦堡，被列為世界遺產的伊斯坦堡舊城區是一座半島，是歷史文化碰撞之處，東正教與伊斯蘭教，東羅馬與鄂圖曼，東方與西方，看似衝突的兩端，卻又在這裡和諧調融，東面是海峽，南面是馬爾馬拉海，北面是金角灣，天然的防守形勢加上舊城區城牆防守固若金湯，讓從東而來亟欲滅掉東羅馬帝國的突厥人亦久攻不下，1453 年鄂圖曼帝國蘇丹穆罕默德二世發動最後進攻，帶來歐亞歷史巨變。

為了阻擋鄂圖曼土耳其的攻擊，東羅馬帝國在金角灣口放置橫江鐵鍊，阻攔鄂圖曼的海軍三面夾攻，但穆罕默德二世為了繞過鐵索，從海峽北邊的魯美利（Rumeli）（土耳其語「海峽封鎖者」

金角灣一景

或「割喉者」之意）城堡，建造了一條以塗上油脂的圓木建成的
陸上船槽通往金角灣北岸，將七十多艘船艦成功從船槽進入金角
灣，讓東羅馬始料未及，鎖鏈原本要防敵，卻搞了個作繭自縛，
這條命運的鎖鏈陳列在伊斯坦堡考古博物館，是東羅馬陷落的見
證者。

博斯普魯斯（Bosphorus）的原意是「母牛經過的地方」，據說常
犯全天下男人都會犯的錯的宙斯愛上一個名叫伊娥的女子，但被
宙斯善妒之妻赫拉發現後，宙斯急忙將伊娥變成一頭母牛，想躲
避赫拉的報復，但赫拉識破後讓一隻牛蠅不斷叮咬母牛屁股，母
牛忍不住痛苦拼命往前奔跑，經過的地方就形成今日海峽。

托普卡匹（Topkapi）皇宮

這當然是神話，請不要用不屑的眼神看我：「聽你在唬爛！」不相信可以去問宙斯，當然今天就算火牛陣也無法造成一條海峽。博斯普魯斯海峽雖然是屬於土耳其，但根據 1936 年在瑞士蒙特勒簽署的協定，保障了和平時期民用船隻的自由通行權，但對非黑海國家的軍用船隻通行做出限制，所以俄羅斯非要克里米亞不可，因為有了克里米亞的港口，就可進出地中海，再延伸至印度洋及大西洋，這是全球戰略的考量。

船隻通過土耳其，但根據條約卻只能收取微薄過路費，因此土耳其政府希望運河的興建不但可紓解塞船，也望能帶來 80 億美元稅收。但俄羅斯也放話，不會放棄從博斯普魯斯海峽運送石油，因為走運河會大幅提高成本，羅馬尼亞、保加利亞也擔心溫暖海水會流到黑海，而且黑海比馬爾馬拉海高 50 公分，運河連接後，水位、鹽度和密度都會改變造成生態影響。

最嚴重的可能造成伊斯坦堡地下水鹽化的問題，城市飲用水問題浮上檯面，潟湖的破壞也造成許多物種瀕危，但就算這項計畫遭受到國內極大的反對，在利字當頭，還有許多國際政治的角力下，這些似乎都可以被拋在腦後，沒關係的，因為這座城市從以前到現在始終是角力之處。

伊斯坦堡歷史區（Historic Areas of Istanbul）

▪ **入遺年份** 1985 ▪ **種類** 文化遺產 ▪ **國家** 土耳其

魯美利城堡與跨越海峽的穆罕默德二世大橋

巴赫拉堡壘
Bahla Fort

—

阿曼的多功能透天厝

我們對於阿拉伯世界的了解，多半來自童年時天方夜譚裡的虛幻與描述，不管是辛巴達的海上歷險，或是阿拉丁神燈的奇妙遭遇，那種有點迷濛卻又帶點魔力的想像，都讓人覺得身體輕飄飄，思緒也彷彿隨著飛天魔毯神遊四方。

阿曼位於波斯灣入口處，是半島上唯一有季風吹拂的國度，美國有自由女神像，法國有巴黎鐵塔，台灣有 101，而提到阿曼的顯著地標，就是全國約五百座左右的堡壘，因此阿曼有著「堡壘之國」的別稱。之所以會有這麼多堡壘，是因為葡萄牙在大航海時期，將這裡當成重要補給地而興建堡壘，阿曼是部族社會，不同部族之間常為了掌握貿易通道而彼此爭戰不休，也學習興建堡壘，不但隔絕內部衝突，也能抵抗如葡萄牙人及波斯人等外族入侵。

不僅建築是堡壘，堡壘造型從家用的水塔，到路邊的候車亭都是，影響所及早已擴展到一般生活，成為國家的代表圖騰。堡壘規模

從小型、具簡單防禦性功能的小碉堡，到大型、複雜程度高，可以駐紮一整個軍隊的城堡都有。

我們可以從堡壘大小、房間裝飾與數目、瞭望塔、生活機能、到堡壘的防禦措施等地方，瞭解到一座堡壘的戰略價值、城主地位和保存的歷史。這些堡壘多半蓋在海岸線及山地交通的出入口處，扼守重要位置。除了少數堡壘受到葡萄牙殖民建築的風格影響，可蘭經的經文、穹頂拱門外加伊斯蘭教的花草幾何裝飾圖案，大部分堡壘依然展現伊斯蘭文化圈中特有的建築風格。

建於西元 1669 年的賈布林（Jabrin）堡壘，堡內裝飾、雕刻及結構上所展現的細膩工藝，是眾多堡壘中之最，令人讚賞當時的工藝水準，也表露城主在實用與美學上力求平衡的用心。堡內有數間的起居會客室和密談室，主要做 招待賓客或與使節進行談判之用。為了防範敵人深夜入侵，所有通往主臥室的樓梯內都暗設機關，以策安全。

室內住所多半舖有地毯，這是阿拉伯國家最引以為豪的工藝之一，通常人們就毯席地而坐，而地毯與天花板的彩繪裝飾一般是採用同色系以相互呼應。天花板則通常以椰棗的樹幹當作屋樑，而堡壘的外牆相當厚實，一般來說，都有 2 公尺的厚度，有些甚

至厚達 3.5 公尺，為的就是在敵人攻擊時能夠立於不敗之地，甚至不會為自己發射的加農炮後座力所摧毀。

而堡壘建築材料多以取自當地的黏土與石塊為主，再以稻草及牲畜糞便混合後當作黏著劑，因此在外觀堡壘多半呈現砂土的原色，唯一的例外是位在索哈爾（Sohar）的白色堡壘，傳說中索哈爾就是水手辛巴達的故鄉。通常這些堡壘裡擁有許多大小不一的房間，用途上也有所不同，從清真寺、圖書館這些精神上的需求，到廚房和地窖這些生活上的需要一應俱全。堡壘一般只有一個對外的出入口，大門平常是不輕易打開的，進出都只開大門上的一扇小門，以防有人夾帶武器出入。

堡壘是阿曼最珍貴的資產，就像已被聯合國教科文組織列為世界文化遺產的巴赫拉（Bahla）堡壘，雖然分別在 9 世紀、17 世紀、19 世紀甚至今日經歷不同的整修，但這些沉浸歷史歲月洗禮下的堡壘，在阿曼人心目中的地位依舊歷久不衰，屹立不搖。

巴赫拉堡壘（Bahla Fort）

▪ **入遺年份** 1987 ▪ **種類** 文化遺產 ▪ **國家** 阿曼

奧林匹亞考古遺址
Archaeological Site of Olympia

—

一絲不掛的古希臘奧運

古代運動場

原訂 2020 年舉辦的東京奧運因為疫情關係延宕一年才在 2021 年
舉辦，依舊擺脫不掉疫情陰影，但對很多運動員來說，一生可能
只有一次在奧運發光發熱的機會，確實辦不辦都是兩難的決定。

強調競技與和平，每 4 年舉行一次的奧林匹亞運動會，發源地就
是在希臘。最早為了榮耀天神宙斯而舉辦，關於奧運的濫觴，神
話傳說裡描述宙斯的父親克洛諾斯的權力來自推翻他自己的父
親，因此預言說克洛諾斯終將被自己的兒子推翻，宙斯與父親作
戰最後依舊應驗了預言，為了慶祝宙斯的勝利，人們在奧林匹亞
舉行了盛大的慶祝活動，包括多種競技比賽，這就是古代奧運會
的雛形。

來到 2000 年前體育的最高競技殿堂，位於希臘伯羅奔尼薩半島上
的奧林匹亞遺址依舊保留了當時的運動村、神殿、摔角學校及運
動場等建築。古代奧運會自西元前 776 年開始，在夏末滿月時舉
辦，原本規模僅限於伯羅奔尼薩半島上的城邦，但不到 100 年時
間，便吸引全希臘城邦參與。當時競技項目不多，第一屆舉辦時
只有 190 公尺的短跑競賽，據說這個長度是希臘大力神海克力斯
一跨步的距離，後來逐漸增加跳遠、鐵餅、標槍、角力等項目，
而且只有男性才能參加。贏得比賽的運動員，當戴上用橄欖枝編
織象徵榮耀的桂冠後，通常被當成英雄，不僅在物質上獲得獎賞，

詩人也歌詠他們，更能光榮返鄉接受盛大歡迎。

運動會前一個月有所謂的「神聖休戰期」，各城邦之間都會停止衝突與矛盾，以保障從各地趕來的參賽者。在運動會期間，各城邦間不管有戰爭或紛擾一定要停止，否則會遭到其他城邦聯合制裁，而其所標榜的奧林匹亞精神，強調化解仇恨和榮譽至上，一直影響至今。為期 5 天的奧運會，第一、二天是敬神的典禮儀式，第三、四天舉行競賽，最後一天則是慶祝狂歡活動。

運動員通常全裸參賽，塗上橄欖油顯現身體的力與美，參加者必須是希臘血統的男性自由民，而且道德上沒有污點，召開前，人們聚集在奧林匹亞宙斯神廟前，舉行莊嚴肅穆的儀式，從祭壇點燃火炬，然後奔赴各城邦通知奧運舉辦的消息。如今現代奧運點燃聖火的儀式依然由 11 位扮演女祭司穿著傳統長袍的女子，在赫拉神殿前從凹面鏡聚光採集聖火後傳遍世界各地。

以往奧林匹亞的宙斯神廟中，設有一尊高 12 公尺以象牙與黃金製作成的宙斯神像，是古希臘著名雕刻家菲迪亞斯所做，被列為古代世界七大奇景之一，雅典帕德嫩神殿的雅典娜神像也是出自於他，只可惜兩尊神像早已下落不明。

摔角學校遺址

赫拉神殿遺址

如今的奧林匹亞遺址只能憑弔，建築物的圓柱如骨牌般頹傾在旁，大體育場與運動員訓練用的數座建築遺跡，柱幹與柱頭明顯而紊亂的散落各處，原本運動員一較高下的場地，如今剩下影子隨著光線或長或短的競爭著，只能從斷垣殘壁中找尋往日榮光了！

西元 393 年，基督教取得羅馬帝國國教的地位，也因此使得古代奧運就此告終。在停辦 1500 多年之後，於 1896 年在法國人古伯汀的鼓吹下重新舉行，奧運精神得以延續至今，奧運的各個項目競技都讓人看的屏氣凝神，誰能笑傲江湖，戴上榮耀的桂冠，在在扣人心弦，拭目以待。

WORLD
HERITAGE
03

奧林匹亞考古遺址（Archaeological Site of Olympia）

▪ **入遺年份** 1989 ▪ **種類** 文化遺產 ▪ **國家** 希臘

聖吉米亞諾歷史中心
Historic Centre of San Gimignano

—

中世紀義大利的大蘋果

也許你跟我一樣，對於托斯卡尼的初次印象來自於「托斯卡尼豔陽下」這部電影，電影中托斯卡尼絕美的景色，讓人生所有的難，似乎來到這裡都能否極泰來、迎刃而解，曾經以為人生就可以這樣了，of course not，電影畢竟不是真實人生，但電影就是有這樣的魔力，所以演戲的是瘋子，看戲的是傻子。

雖然當時沒碰到什麼人生難題，但不可否認我這個傻 B 也受了電影影響，選擇來到這裡，還千里迢迢跑到拍攝地：Cortona。托斯卡尼果然是我的菜，它是義大利的一個大區，下轄 10 個省，義大利是世界遺產最多的國家，光在托斯卡尼就有 6 座，但就算沒被列為世界遺產的小城鎮，也都不落俗套有著自己的味道，托斯卡尼座落很多的葡萄園和酒莊，搭配低緩的丘陵，勾勒出如夢似幻的美景。我猶記得那年出發前因為騎機車摔傷左肩骨折，只能單靠右手開車，但每抵達一個個爬坡高點，都暫時忘掉痛楚，只剩望見那廣袤大地後那一陣陣倒抽口氣的讚嘆。

聖吉米亞諾（San Gimignano）是中世紀義大利的紐約，一棟棟的特色高聳塔樓，是此間的帝國大廈，這裡之所以富有繁盛，乃是因為它位在通往前往羅馬朝聖的必經之路途中，西元 990 年，坎特伯里大主教西格里克（Sigeric）記錄下這條法蘭西根納朝聖之路（Via Francigena，意思是來自法國的道路），它從英國的坎特伯里出發，經過法國和瑞士到達義大利羅馬，對於那些希望參觀羅馬教廷和使徒彼得和保羅的墳墓的人來說，這是一條在中世紀重要且唯一的道路，不像著名的西班牙聖雅各之路有多個出發點及多條路線。

人來了，財富自然隨之而來，當時農產品貿易貨物交易熱絡，此地的封建貴族為了表示自己的財富與地位，耗費巨資興建塔樓、教堂、宮殿、城牆，許多家族結成派系，誰也不服誰的相互比拚，興建當時的摩天大樓，全盛時期據說有 72 棟塔樓，富裕程度遠超當時羅馬和佛羅倫斯。隨著時間如同巨輪推進輾壓，壓不死的是人類比拚的決心，看看全世界競相爭建的摩天大樓，無不希望透過它展現商業資本主義與國家經濟的強盛，看來幼稚卻又是誰也不輕易願意認輸的任性，果然有錢就能任性。

目前僅剩的 14 座塔樓集中圍繞在主教座堂廣場，又稱水井廣場的蛋黃區邊，原來最高的是 52 公尺的羅格諾薩塔樓（Torre della Rognosa），執政官規定後續者不能超過他的高度，但人息政亡，

聖吉米亞諾摩天塔樓的天際線

只見新人笑，不見後人哭，後來還是被 54 公尺高的格羅薩塔樓（Torre Grossa）超越。

約莫 200 多年的繁榮，終究抵不過疫病侵襲，黑死病席捲後歐洲，佛羅倫斯漸漸興起取而代之，聖吉米亞諾漸漸沒落，從發跡崛起到權力競逐再經歷秩序崩壞，依然無法擺脫命運的循環起落，印證俗諺所說：人無千日好，花無百日紅，回看人類歷史或股票線圖，這樣的變遷看來總令人不勝唏噓，對照現在世界的樣貌，似乎就是歷史重演。

聖吉米亞諾歷史中心（Historic Centre of San Gimignano）

▪ **入遺年份** 1990 ▪ **種類** 文化遺產 ▪ **國家** 義大利

德里胡馬雍古墓
Humayun's Tomb, Delhi

—

在沙場奪勝卻從樓梯殞落的帝王

有很長一段時間，印度是由北方來的蒙古人統治，身為成吉思汗以及帖木兒後裔的巴布爾，在 1526 年結束了德里蘇丹國的統治，開創了蒙兀兒帝國，長年征戰讓他英年早逝，1530 年 47 歲時死於阿格拉。

但和他的祖先一樣，在很短的時間內打下江山，但如何維持戰果就是個大問題。其實帝國在開創之初，並沒有建立完善的制度，軍隊是由多族群組成的烏合之眾，金戈鐵馬下以大量施散錢財維繫軍隊，造成國家財政困難，對於皇權的傳承也沒確立，連宮廷貴族也覬覦王位，因此也使得他的兒子各個有機會，人人沒把握，帝國的延續最後由他的兒子胡馬庸即位。

胡馬雍的手腕不如巴布爾，來自北邊的阿富汗人尚未被粉碎，來自東邊比哈爾的統治者：舍爾沙，這個普什圖人成為阿富汗人的新共主，帝國在內政諸侯伺機奪權，外交面臨古吉拉特的進攻下，

胡馬庸陵墓

富有伊斯蘭風格的廊柱與窗櫺

不得不和舍爾沙簽訂緩兵之約。但這也給了舍爾沙坐大的機會，1540 年，胡馬庸兵敗，舍爾沙在德里建立蘇爾王國，統治著西起阿富汗，東到孟加拉的區域，胡馬庸也展開了長達 15 年的流亡歲月，蒙兀兒帝國名存實亡。

還好他沒有成為末代皇帝，機運還是站在他這邊，胡馬庸逃到當時的薩非王朝，也就是今天伊朗，在薩菲國王太美斯普一世的應援下，他重新建立軍隊，在今天伊朗伊斯法罕的四十柱宮的壁畫中，還可看到兩人相見的壁畫。1545 年，死對頭舍爾沙在進攻卡蘭賈爾堡時死於意外的火藥爆炸，蘇爾王朝陷入混亂，1555 年胡馬雍打敗短命的蘇爾王朝，重回德里，恢復蒙兀兒帝國。本該大

展鴻圖，沒想到隔年竟然從圖書館樓梯上跌下來摔死，寧可光榮戰死沙場，沒想到有點落漆的結束一生，但其繼位者阿克巴，迎來蒙兀兒帝國全盛時期。

胡馬雍雖然一生充滿戲劇化，但死後所葬的地方卻開啟蒙兀兒帝國建築的濫觴，最著名的蒙兀兒建築泰姬瑪哈陵就是以此為藍圖設計。泰姬瑪哈陵述說著沙賈汗國王與王后的愛情故事，其實胡馬雍墓也是，設計者是胡馬庸的王后哈米達，與胡馬庸顛沛流離，同甘共苦，結果丈夫又過世，波斯裔的她親自設計陵寢，於 1572

陵寢內部

年完工，在胡馬庸死後 48 年，哈米達以 77 歲高齡過世，和丈夫長眠於此。一入內的花園就是由步道和流水分為 4 部分的波斯花園，陵墓矗立在一個 7 公尺的平臺上，整棟建築由紅砂岩建造，陵墓是白色大理石圓頂，矩形結構的下層裝飾有優雅的拱門，鏤空的設計透光呈現伊斯蘭的圖案。

胡馬雍墓不僅是一個人的陵墓，它影響了整個蒙兀兒王朝的建築，1857 年，也成為了蒙兀兒末代皇帝巴哈杜爾沙的避難所。在胡馬雍墓園區內還有座伊薩汗（Isa Khan）墓，他是輔佐蘇爾王朝的兩朝元老，死後皇帝幫他蓋了陵墓，其實應該說胡馬雍墓在伊薩汗墓旁，因為是伊薩汗墓先蓋好的，曾經敵對的雙方，死後共享一坏土。

WORLD
HERITAGE
05

德里胡馬雍古墓（Humayun's Tomb, Delhi）

▪ **入遺年份** 1993 ▪ **種類** 文化遺產 ▪ **國家** 印度

WORLD
HERITAGE
06

姬路城
Himeji-jō

—

城牆下的深夜怪談

姬路城如展翅的白鷺，故稱白鷺城

在日本我們常常聽到一些熟悉的地名，像是「伊豆」的舞孃、「伊勢」海老、「讚岐」烏龍麵、「飛驒」牛等等，但在地圖上卻又找不到相對應的縣市，原來這些地名都是以前日本的令制國，這是在 7 世紀大化革新後跟唐朝學習的中央集權統治方法，將全國分設行政區劃，國司直接由中央政府任命，一直到明治維新之前日本共有 68 國，後來因為明治維新的廢藩置縣，才形成日本現在的行政劃分為 1 道、1 都、2 府、43 縣。

但日本歷史上又出現過許多幕府時期，天皇雖然是國家的領袖，但由於諸侯軍閥力量的壯大，實權掌握在幕府大將軍手中，形成挾天子以令諸侯的狀態，一個令制國中可能有許多藩，因為擁有一萬石以上的諸侯就能被稱「藩」，這種「石高」制反應土地生產力，一石米相當於一個成年人一年的食米量，也就相當於能夠屯養一個軍人的能力，「石」的多寡不但是財富的象徵，也可視為領主所能動員的兵力，擁有一萬石的諸侯約有動員 250 ～ 300 名兵力的力量。

理論上只要是藩就可以建城堡，據說最高峰到達 2 萬 5 千多座，城堡除了防衛用途外，當然還是權力的彰顯象徵，但畢竟各藩財力有所不同，所以規模亦有所不同。城堡是藩的住所，其他人住的愈接近城堡的，就是屬於蛋黃區，通常就叫城下町。但當江戶

幕府德川家康統一天下後，頒布了「一國一城令」，因此拆除了許多城堡，留下來的可能不見得是戰略位置最重要的，反而可能是最富麗堂皇的。

日本城堡何其多，但唯一被列入世界遺產的只有被稱為「白鷺城」的姬路城，它也是 1993 年日本第一批列名的世界遺產。最早的姬路城並非現在的樣貌，西元 1333 年，赤松則村奉了護良親王之命、在進軍京都的途中，在姬山上建立了「砦」，1346 年才建立正式的「城」，姬路城後來輾轉到黑田氏，後來由戰國時代名軍師黑田孝高秀吉將姬路城獻給豐臣秀吉，築起 3 層的天守閣，天守閣是日本城堡中最高最主要的建築，具有瞭望指揮的功能，也是地位的重要象徵，多半是木造建築，保存不易，日本目前只剩下 12 座是完整保存的，其他多經過修復，姬路城便是其中之一。1600 年關原之戰後，池田輝政獲得播磨國 52 萬石，受封為姬路藩藩主，1617 年池田家第三代的池田光政被江戶幕府以年少為理由轉封至鳥取藩，姬路城由伊勢國桑名藩的本多忠政入主，姬路城方才有今日面貌。在後來 400 多年中，姬路城奇蹟似的幾乎沒有遭受天災人禍的摧殘，被日本人稱為「不戰・不燒之城」。

姬路城歷經了這麼多的主人，當然也就發生了許多的故事，城牆看來堅不可摧，但當年豐臣秀吉興建城牆時，據說缺乏建材，但

有許多民眾捐出自己的石臼，甚至石棺都堆疊成城牆；還有一口阿菊井，相傳守節的阿菊被篡位者求婚不成，篡位者便藏起了傳家之寶的盤子栽贓於她，更棄屍井中，因此據說每晚都會聽見從井中傳來阿菊悲傷數盤子的聲音；千姬是德川家康的孫女，也曾是姬路城的女主人，但不幸的是 2 次婚姻都是被當作棋子，德川家康殺了她的第一任老公豐臣秀賴，雖然自己的父親又因政治考量將她嫁到姬路本多家，但兒子、先生、婆婆接連去逝，空有玉宇樓閣，但最終依舊孤獨一生。

WORLD HERITAGE
06

姬路城（Himeji-jō）

▪ **入遺年份** 1993 ▪ **種類** 文化遺產 ▪ **國家** 日本

①內部神龕　②姬路城入口　③白鷺意象亦出現在人孔蓋上
④城牆上有放槍的銃口

昌德宮建築群
Changdeokgung Palace Complex

—

曾被焚毀的韓國版故宮

當今的韓國首都首爾是座十分現代化的城市，走在城市的大街小巷，滿眼盡是五光十色的燦爛，若是追本溯源，歷史已經超過 2000 年，稱得上是韓國的歷史古都。自西元前 18 年百濟國開始，就已經揭開了它在朝鮮半島上作為首善之都的地位。而到了西元 1394 年，朝鮮王朝遷都漢陽，也就是今日的首爾，從此之後，首爾一直都是韓國各朝代的的首都。因為這樣的地位，在首爾除了享受城市旅遊的便利與樂趣外，歷代傳統宮殿多已成為親民的歷史建築，打破了深宮大院的神秘感，不僅提供了旅人平靜歇息的地方，也讓人更進一步了解韓國的歷史。

現今首爾留存的宮殿建築多半都是朝鮮王朝 600 年間的古蹟，例如景福宮、昌德宮、昌慶宮、慶熙宮、德壽宮、宗廟、成均館、南大門、東大門等等。其中最有名的，當屬景福宮、昌德宮及宗廟，尤其後兩者還被聯合國教科文組織列名世界文化遺產名單中。被列為世界遺產的昌德宮，原本是作為景福宮的離宮，但從

1618 年之後約 250 年卻取代景福宮作為朝鮮王朝的正宮使用，大致可分為宮殿的公共空間與王室的生活空間。

昌德宮內為中國式建築物，目前仍保存著 13 座殿閣，是朝鮮王朝宮殿中保存得最為完整的一座，被稱為「韓國的故宮」。宮內大部分建築在日本人入侵時被焚毀，但其正門敦化門倖免於難，成為最珍貴的遺跡，這一木結構建築傲然聳立，氣度非凡，現在是首爾最古老的宮門。

從敦化門進入昌德宮後便是錦川橋，這座橋建於太宗 12 年（1412年），是首爾現存宮殿中石橋裡最古老的。廣場有大理石作成的立碑，從中軸線分成兩路排開，這些石碑是用來表示官階地位的大小，有正一品到九品官職，稱為文武官碑，文官排列東方，武官西方。和中國大部分的朝代相同，朝鮮王朝官階上向來也是重文輕武，而一般認為國王的左邊為主位，右邊為次位，所以文官通常都位在左邊，武官則在右邊。但戰爭時武官受重用，官階的方向則會相反，為官亦有風水輪流轉的變化，所謂時勢造英雄大概也是這個道理了。

而仁政殿是舉行皇帝登基儀式，大臣朝禮，接見外國使臣等重大國事活動的場所。宮殿內部有皇帝聽取朝政時所坐的御座，不像中國的龍形化身圖騰無所不在，朝鮮皇帝寶座後的屏風是座日月屏，屏風上的圖案個個都有含義，中間的山峰象徵王權，其餘4 個山峰象徵四海領土和國民，流水和老松樹則象徵國家永遠昌盛。至於山峰上的日月則和韓國國旗如出一轍，乃是取自易經中陰陽調和、萬物生生不息的意思。

依序往裡面走，現存宮殿中唯一使用青瓦的宣政門、皇帝和王妃的寢宮大造殿都有其可看之處，也讓人從這些建築裡遙想以前皇帝生活的片段。這些保存良好的建築，也成為韓國古裝電視劇的

取景最佳景點，像是曾經紅極一時的《大長今》就曾在這裡拍攝，其他的戲劇更是不勝枚舉，古蹟在現代的影像呈現，更拉近了年輕一輩對於這些老祖宗所留下物品的親切感，這未嘗不是一種推廣的好方法！

昌德宮建築群（Changdeokgung Palace Complex）

▪ **入遺年份** 1997 ▪ **種類** 文化遺產 ▪ **國家** 南韓

特洛伊考古遺址
Archaeological Site of Troy

—

因絕世紅顏引發的十年戰爭

有些世界遺產很有名，你一定聽過，但實際到訪後才發現，代誌不是想的那麼簡單，因為文化遺產有種是遺跡型的，通常是殘磚敗瓦、風燭殘年，而非花容月貌、閉月羞花，所以之前我說過，像這種的就不適合觀光造訪，但又因為名氣太大，往往又勾引人做出可能後悔的決定，土耳其的特洛伊就是這樣的地方。

特洛伊的故事來自希臘神話，再加上好萊塢拍成電影，更是無人不知無人不曉。但路程長，且現場可看性真的不高，只有一匹山寨版的木馬供遊客拍照，這也是很多人對特洛伊的唯一印象，性價比真的不高，很多人也不明瞭為什麼特洛伊不是在希臘，而是在土耳其？因為小亞細亞靠近地中海這一區，也都是希臘城邦的分布地，希臘在這個時代不是國家，而是地區文化主流。

神話中的特洛伊戰爭是因為一位美女，斯巴達公主海倫的美貌冠絕希臘，上門求婚者門庭若市，所有的英（ㄅㄤ）雄（ㄧㄥˊ）

（左）特洛伊遺跡唯一假的建築，卻是人氣拍照點（右）據說希臘聯軍詐降的木馬就是從這推進城內的

決定讓海倫自己決定，並發誓不忌妒海倫的丈夫，萬一海倫被搶走還要幫他搶老婆，最後海倫選擇墨涅拉俄斯為夫，他也成為後來斯巴達的國王。天上的宴會不和女神沒被邀請參加，因此心懷憤恨，將寫著「給最美麗的女神」的金蘋果放在宴會，赫拉、雅典娜及阿芙柔戴蒂 3 個女神請特洛伊王子帕里斯作出決定，3 位女神都使出買票手段，赫拉答應給他當全亞洲的王，雅典娜給他最高軍功，而阿芙柔戴蒂則答應給他世上最漂亮的女子海倫作妻，帕里斯選擇美女，引發了特洛伊戰爭。

這故事告訴我們：一是不要輕易捲入女人的戰爭，二是自古英雄多愛美人不愛江山。墨涅拉俄斯是邁錫尼國王阿格曼儂

（Agamemnon）的弟弟，所以征討特洛伊的領導地位就落在邁錫尼身上，他率領一千多艘戰船組成的龐大艦隊，渡海進攻特洛伊城，他要當年英雄們履行承諾，共同討伐特洛伊，但有 2 位英雄變狗熊想反悔，奧德修斯新婚不久，又喜獲麟兒不願同行，當阿格曼儂找上門來時，他就裝瘋賣傻把鹽撒到田裡耕田，阿格曼儂就把奧德修斯的兒子放在田上，奧德修斯無法繼續犁田，在孩子前停了下來，只得履行當年的承諾。

另一位狗熊是阿基里斯，其實不是他不願意，而是阿基里斯母親知道他會死於特洛伊，所以當他還是嬰兒時，就把他倒提腳踝浸於冥河中，使他刀槍不入，因此要出征特洛伊的消息傳到做母親的耳中，便把阿基里斯藏了起來，但還是被找到，雖然阿基里斯易容穿女服，但當來人帶來許多貨物，女人們都搶著看珠寶首飾，只有阿基里斯在看武器，也就露出破綻。

特洛伊真的紮紮實實存在著，德國考古學家謝里曼實現從小的夢想，挖到這個近乎神話的考古遺跡，他也順藤摸瓜，挖掘了邁錫尼文明遺址，特洛伊戰爭是不是為了美女不得而知？但從西元前3000 年左右到西元 400 年，共經歷了 9 個「文化層」，一個又一個不同時代，像潮浪打來的砂石，將之前的歷史封存覆蓋取而代之，木馬屠城記的特洛伊據說是在第七層。

特洛伊之所以能以一擋百，乃是因為聚集了巨大財富，它的位置在達達尼爾海峽入口處，是地中海進入黑海的咽喉之地，被稱為是「富有黃金和青銅之城」。以貿易為主的各希臘城邦，無不覬覦這塊肥肉，西邊的邁錫尼為了挽救海上貿易的衰落，掠奪海外財富，便發動了特洛伊戰爭。歷時 10 年的特洛伊戰爭，最後透過「木馬計」才讓特洛伊淪陷。

考古遺件散落一地

特洛伊考古遺址（Archaeological Site of Troy）

▪ **入遺年份** 1998 ▪ **種類** 文化遺產 ▪ **國家** 土耳其

邁錫尼與提林斯的考古遺址
Archaeological Sites of Mycenae and Tiryns

—

如謎團般消逝的古文明

希臘位在巴爾幹半島南端，多為崎嶇的石灰岩地形，海島眾多，海岸線蜿蜒，如果說希臘國土形狀像隻伸入愛琴海的手的話，那麼伯羅奔尼薩半島（Peloponnese）絕對是手上的大拇指。它不僅承接吸收來自克里特島的邁諾安文明，更撥動了自西元前 1600 ～ 1100 年，在此昌盛的邁錫尼文化（Mycenae）。西方文明起源在希臘，而希臘文明起源在克里特島，克里特的邁諾安文明是地中海區域最早的文明，而承先啟後的便是邁錫尼。邁錫尼和邁諾安一樣都有文字，但邁諾安的線形文字 A 至今仍是謎團，邁錫尼的線形文字 B 已被解鎖。

最能代表伯羅奔尼薩半島的邁錫尼文化，原是西元前 2000 年由北方移居至邁錫尼的雅利安人，他們開創了屬於希臘本土的燦爛文明，根據考古也發現，西元前 1400 年開始，邁錫尼人已經移民賽普勒斯、西里西亞等地中海沿岸建立殖民地，手工產品暢銷於地中海沿岸，在兩河流域、西亞、埃及等地都出土過邁錫尼風格的陶器。

獅子門

遺跡中的殘磚片瓦

不過到西元前 1300 年，邁錫尼對外貿易就開始萎縮，除了殖民城市已經學會製陶，可以自己生產外，西亞的腓尼基人興起，他們是邁錫尼的商業競爭者，使得邁錫尼對外貿易遭受打擊，仰賴海洋貿易的邁錫尼，一旦對外貿易受阻，也影響文明開始走向衰落。

關於邁錫尼文明的記載十分稀少，荷馬史詩《伊利亞德》成為關鍵資料，但大多數人認為那只是虛構的傳說故事，挖掘邁錫尼出土的德國考古學家謝里曼反而堅信不疑地相信這些城邦真實存在，他 7 歲從父親手中得到一本希臘神話，愛不釋手當成床頭書，從小就下定決心要發掘書中提到的特洛伊與邁錫尼，1874 年，他在邁錫尼進行考古挖掘，發現了衛城和墓葬群。城牆長 1 公里，厚 10 公尺，高 15 公尺，用大石塊砌成，北門是最著名的獅子門，當年擔任希臘聯軍首領的邁錫尼國王阿格曼儂（Agamemnon）就是從這獅子門出發，揮軍攻打特洛伊；他的妻子和情人也曾在這列隊歡迎凱旋歸來，再設計害死他。衛城內部功能齊全，有祭堂、儲驍室、浴室、接待室等，在宮殿發現有精美的壁畫。

在這裡發現有 6 座墳墓，都是在地下挖掘，用石頭做成方形的豎穴墓，墳墓上用石板或圓木覆蓋，再堆上土堆，每座豎穴墓大小皆不同，共有 19 人葬在這 6 座墓穴中，有男有女，還有 2 個小孩，大多用黃金嚴密地覆蓋著這些屍骨。最有名的是一座大型圓

頂墓，據說是「阿格曼儂墓」或「阿特柔斯的寶藏」（Treasure of Atreus，阿特柔斯是阿格曼儂的父親），阿格曼儂黃金面具現收藏於雅典國家考古博物館，雖名為阿格曼儂面具，但考古學家認為面具製作比阿格曼儂更早 300 年，只是蹭他的名氣，不過看得出工藝技藝的精巧。

邁錫尼文明的消失也是個未解的謎團，站在頹傾的衛城望著周遭炙熱的山丘，看邁錫尼不單只是需要想像力而已。

邁錫尼與提林斯的考古遺址（Archaeological Sites of Mycenae and Tiryns）
▪ **入遺年份** 1999 ▪ **種類** 文化遺產 ▪ **國家** 希臘

阿格曼儂墓出土的文物，左上為黃金面具

維甘歷史古城
Historic Town of Vigan

—

菲律賓裡的小西班牙

位在東南亞的菲律賓，是全亞洲唯二的天主教國家，另一個是東帝汶，但菲律賓接受天主教的信仰，也只不過是近四百年來的事情。位在南伊洛克斯省 (Ilocos Sur) 的維甘（Vigan）古城，就是這些殖民時期歷史見證其中一個著名的代表，也被視為西班牙殖民風格保存最佳的城鎮。維甘是西班牙統治時期北方最重要的城鎮，由於位在亞伯拉河（Abra River）河口，又濱臨南中國海的絕佳地理位置，使得維甘成為當時興盛的海上絲路必經之地，維甘盛產的木材、黃金及蜜臘，透過這條繁忙的海上交通要道，與亞洲各國、阿拉伯甚至歐洲國家形成緊密的貿易往來。

1572 年西班牙人沙賽多（Juan de Salcedo）說服伊洛克斯人用西班牙衛隊來對付還在獵人頭的鄰近部落鄰居，鄰居被趕跑了，但西班牙人卻不走了。西班牙王室將維甘酬庸給沙賽多，作為他的封地。於是便在這裡建教堂、修院、堡壘和學校，成為西班牙人緊接在宿霧和馬尼拉之後，所建立起的第三個殖民聚落。維甘搖身一變

達達馬蹄聲在古城裡迴響

西班牙殖民建築

成為呂宋島北方政治、經濟及宗教中心，市區中也留下許多當時的住家與教堂，在 1764 年，維甘更轄有 21 個行政區。也因為這些昔日的歷史軌跡與遺留下的古蹟，因此被聯合國教科文組織選世界文化遺產的景點。

西班牙的殖民政策是封建專制和重商的。對菲律賓的統治主要由總督負責，他是國王在殖民地的代表，也對殖民地進行土地剝削，再將土地分給王室親信、貴族、主教或軍事冒險家。對外貿易由少數人壟斷，更在當時建立了從中美洲殖民地墨西哥到亞洲殖民地菲律賓的帆船航道。大帆船載亞洲的商品到墨西哥，又從墨西哥運回銀元、可可和羊毛回菲律賓，菲律賓成為東西地區的貿易

中心，也因此將蕃薯、煙草、玉米等作物經菲律賓輸入中國，而菲律賓的香蕉、芒果等作物傳入美洲，今日的菲律賓舞蹈、音樂也受墨西哥的影響。

雖然西班牙人統治了菲律賓三百多年，但菲律賓人並不太會說流利的西班牙文，因為西班牙人不願意教土著說西班牙語，反而為了融入當地，以拉丁字母拼讀土著的語言，認為與土著用方言交談，更有助於天主教的發展與對教義的了解，也因此更加速了菲律賓的天主教化，對人民控制也更加牢固。

販售小脆餅的店家

通常來到維甘，一定免不了會在聖保羅教堂（Cathedral of St. Paul）前的薩先度（Salcedo）廣場前搭乘馬車，這應該是最佳瀏覽這座古城的方式了。這些仿古的馬車會先在舊市區外圍繞上一圈，瀏覽一番，然後再帶你在一個轉彎後，倏地來到老街裡，全長約400公尺的老街是行人徒步區，只有馬車能進來，整個區域屬於規劃完善的棋盤狀街道。達達的馬蹄聲，彷彿帶人走進時光隧道，一下子把情緒抽離到過去的時空。馬蹄每落下一聲，情緒就多掉入一分。老街兩旁的全都是西班牙式樓房屋舍，略顯斑駁的白牆棕頂，簡單卻透出沉穩與雅緻。有些房子外牆剝落，紅磚像是沉積岩般的露出，而我像個考古學者，試著讀出那背後一頁頁的歷史故事。待馬車叩叩叩的抵達街道尾端，又回到了聖保羅教堂，便可下來以步行的方式再一次細細品味老街的風采。

路邊攤販賣的西班牙小脆餅（Empanada），是一種內餡包著高麗菜絲，像是韭菜盒形狀的油炸食品。傳統的 Empanada 源自於西班牙南部的加利西亞（Galicia），是內餡為肉或魚的一種餡餅，在中南美洲或是西班牙曾經殖民的國家中都能看到這道菜色。想要體驗西班牙風情，不必千里迢迢跑到歐洲，近在咫尺的菲律賓，便有揉合文化多樣性的文明遺產，等待你去欣賞。

聖保羅教堂

維甘歷史古城（Historic Town of Vigan）

▪ **入遺年份** 1999 ▪ **種類** 文化遺產 ▪ **國家** 菲律賓

澳門歷史城區
Historic Centre of Macao

—

將錯就錯的地名／走錯巷子認對餐廳

西元 1553 年葡萄牙人東來澳門，向當時官吏行賄，以貨船遇到風浪為藉口，請求借地曝曬浸水貢物，並上岸搭棚暫住，1999 年澳門回歸中國，葡萄牙人巧妙地把「暫住」變成了屬地四百多年。四百多年中國與歐洲文化經過消化反芻之後，成為別樹一幟「中學為體，葡學為用」的風味，也因為如此被列為世界文化遺產。

澳門地小人稠，向天爭地，大部分是看不見天際線，自然也找不到顯著地標作為判別方向的指引，這時只能憑藉方向感，或者到路口擲筊決定向左或向右走，路長在嘴巴上？別以為當地人就熟門熟路，我拿著地圖向當地人詢問時，很多巷名有聽過，但不確定是在哪，因為要記這樣多的名字實在太難了，和澳門人約會，得要約地點，像是小木偶、小飛象（餐廳名），都比說巷名來得強，如果約巷名，他苦你也苦。因為很多巷弄名字並沒有出現在地圖上，再加上巷弄窄小，常會讓人在巷弄裡鑽了半天，丈二金剛摸不著頭腦的狀況下，又莫名其妙的繞回原地，這可能就是傳說中的鬼打牆。

聖老楞佐教堂

澳門有 1255 條街道，每條不管長短寬窄都有名稱，有以紀念日命名（十月初五街），有以人物命名，華人葡萄牙人皆有（盧九街、高士德大馬路），有以地方命名（大三巴街），不論直接發音翻譯或是意義翻譯，看名字往往就能了解澳門或當地的小歷史。就拿澳門的（Macau）來說，其實就是廣東話發音的「媽閣」，別笑！閩南語發音的「媽宮」，就是今天澎湖馬公地名的由來。媽祖廟前是當初葡萄牙人首次登岸之地，葡萄牙人試圖從住民口中得知地名，雞同鴨講的結果，陰錯陽差成為今日澳門英文名稱由來。而走在市區，諸如此類廣東腔式的葡語譯音屢見不鮮，像是聖老楞佐教堂（St.Lourenco）、澳門地標大三巴（St.Paulo）牌坊、亞美打利庇盧大馬路（Almelda Ribeiro）、士多鳥拜斯大馬路（Sidonio

媽閣為澳門英文名稱的由來，前地就是歐洲的廣場

Pais）等等，雖不見得能夠達到翻譯對於信、達、雅標準的追求，但都是這類「葡涇幫」語言的延伸。

自然環境決定格局，最熱鬧的新馬路雖名之為路，但事實上也只是條雙向道，更不用說街或巷的規模了。為了在窄路中保持交通順暢，大部分被規劃為單行道，小公車如魚得水般的在猶如支流的巷弄中穿梭，最後再從四面八方匯流入「大馬路」。不知道是不是為了增加熱鬧感，或者是讓初來乍到者覺得澳門其實並不小。

中國人怕鬼，西洋人也怕鬼，但偏偏有個街道叫做爛鬼樓巷，不是死鬼也不是醉鬼，原來這邊有座蘭桂樓是華僑所建的洋房，後來遭到祝融之災變成廢墟，中國人管外國叫鬼（洋鬼子、日本鬼子），加上廣東話發音，當然就變成爛鬼樓巷囉！而身為台灣人一定得來找美麗街，不是找了就美麗，而是這條街的葡萄牙文路名是 Rua Formosa，台灣被葡萄牙人稱 ilha Formosa（美麗島），當然得來另類朝聖一下；在地標大三巴旁的「戀愛巷」，據說是以前保守時期做完禮拜男女互訴情衷傳小紙條的地方；也在大三巴附近有條「短巷」，我一分鐘走了數十回之後，還是沒找著短巷中有任何的門牌號碼，果然短得讓人一目了然，短的讓人全無懸念。

澳門最早發展的三條街是關前正街、草堆街、營地大街，以三街會館為中心，三街會館是座關帝廟，也是以前的商業總會，做生意講信用，所以商人多半拜關公，一座建築結合兩種功能。營地大街在明代駐紮軍隊防海盜，關前正街就是廟口，自然熱鬧，而草堆街類似青草巷，許多柴草交易買賣之處，孫中山 1893 年在此開設中西藥局，掛羊頭賣狗肉從事革命事業，三條街涵蓋政治、商業、民生等需求，當然成為人潮匯集之處。

如果世界遺產的大江大海看膩了，不妨留意世界遺產中存在的涓滴細流小趣味，雖無法醍醐灌頂，但也有甘甜喉韻。

澳門歷史城區（Historic Centre of Macao）

▪ **入遺年份** 2005 ▪ **種類** 文化遺產 ▪ **國家** 中國

貝希斯敦銘文
Bisotun

—

西元前路邊的廣告看板

貝希斯敦銘文

波斯民族由多個部落組成，在同為波斯人建立的米底（Medes）王
國時代，其中以阿契美尼德氏族最為突出，西元前 550 年由居魯
士大帝打敗米底王國，建立阿契美尼德（Achaemenid）王朝，我
們習慣稱之為波斯帝國，極盛時期的疆域東起印度河平原，西至
巴爾幹半島的色雷斯，西南至埃及和利比亞，史上第一個橫跨歐、
亞、非三洲的龐大政體。

居魯士（Cyrus）大帝將王位傳給了兒子岡比西斯（Cambyses），
岡比西斯攻打埃及前，將政事委託給其弟巴爾狄亞，岡比西斯在
回程途中去世後，皇室遠房大流士（Darius）覬覦王位，藉口清君
側，討伐有異心的祆教教士高墨達（Gaumata），但歷史學家懷疑
高墨達根本就是大流士虛構出的人物，目的是幫自己洗白，不要
落得篡位罵名，波斯帝國就像所有的宮廷劇一樣，少不了爭權奪
利的爾虞我詐，在中國歷史上，唐太宗的玄武門之變以及明成祖
的靖難之役，也都是原本非王位繼承順位的兩人得到大位，但這
篡位的三人，姑且不論殺嫡之罪，也都開創了三個不同帝國輝煌
的一頁，歷史無法重來，也無法知道若非這三人稱王，三個朝代
又會迎來怎樣的命運？歷史向來以成敗論英雄，但盤踞在英雄心
中的心病，是揮之不去被議論紛紛的暗黑面，真相也只有自己最
清楚。

伊朗高原秋天景色

大流士為了控制龐大的帝國，興建長達 2700 公里的御道，從帝國
都城蘇薩，直達今日土耳其伊茲米爾，並且可連絡波斯波利斯、
巴比倫等重要城市，也與絲路相連。這條道路的目的主要是為了
傳遞訊息，據說古代信差走完這一條道路只要 7 天，古希臘的歷
史學家希羅多德曾經說過：「這個世界上再沒有什麼東西比這些
波斯信差還要走得快了。」

在這條御道絲路上，會經過一個小綠洲，行人商旅在這裡停下腳
步休息飲水。綠洲在伊朗貝希斯敦山腳下，大流士繼位後也擔心
簒位使自己遭到統治正當性的質疑，便在這要道的山崖上刻了被
列為世界遺產的貝希斯敦銘文，昭告天下他的作為，這應該算是
全世界最早公路旁的 T 霸廣告看板了。銘文前半部說明他的祖先

銘文山壁前的河谷地是過往交通要道

和世系，以及波斯帝國擁有的疆土，後半部描述了他平定岡比西斯引發的叛亂。

貝希斯敦銘文石刻，離地高達 100 公尺，也因為高高在上無法親近，所以在伊朗伊斯蘭化的 1400 年之間皆沒有被破壞。這個銘文的上半部分是浮雕，浮雕上的大流士身罩披肩，氣宇軒昂，雙目圓睜，傲視前方。他左腳踏著倒在地上的高墨達，右手指向波斯人崇拜的光明與幸福之神——阿胡拉·馬茲達。

古波斯文是楔形文字，歷經此地伊斯蘭長期統治，早就成為死去的語言，雖有學者研究，但始終缺乏完整的內文，英國人勞林森（Rawlinson）是軍人，也是一個業餘考古愛好者，貝希斯敦銘文

以古波斯文字、巴比倫文字與埃蘭文字寫成，不同於埃及的羅塞塔石碑，上面有並列著現代人能夠理解的古希臘文可供比對，貝希斯敦銘文石刻上面的 3 種文字都是無法辨認的古代文字，且石刻在石壁懸崖之上，很難攀登上去，勞林森憑藉熱情，不但爬上懸崖，並且前後花了 10 年的時間拓印在上面的銘文，1846 年最終破解古波斯文的密碼。看來專業有時帶來疲乏，也可能陷入專業的偏見與傲慢，業餘有熱情，有時反而可以帶來不同的省思與變化，現代的產業都需要跨界，才有可能注入活水，產生鯰魚效應。

WORLD
HERITAGE
12

貝希斯敦銘文（Bisotun）

▪ **入遺年份** 2006 ▪ **種類** 文化遺產 ▪ **國家** 伊朗

銘文雕鑿在這片絕壁之上

聖馬利諾歷史中心與蒂塔諾山
San Marino Historic Centre and Mount Titano

—

擁有神蹟的國中國

人看著義大利地圖,總會聯想到一隻長馬靴,但往往忽略了在馬靴上的3顆鈕扣釘。這3顆鈕扣釘是義大利境內的3小國:梵蒂崗、馬爾他騎士團和聖馬利諾,這種國中有國的有趣情況,不僅數量或型態都是世界少見,雖然小但卻為義大利這隻長靴增添更吸引人的內涵。

3個小國就有2個座落在首都羅馬。梵蒂崗應該是我們最熟悉的一個國家了,它是世界上最小的國家,面積不到1平方公里,也是台灣在歐洲的唯一邦交國;隱身在羅馬的另一個小國是馬爾他騎士團,全名為耶路撒冷、羅得島及馬爾他聖若望獨立軍事醫院騎士團,這兩個國家在我的世界遺產書都有介紹,所以這邊就不多著墨了。

聖馬利諾(San Marino)則遠離羅馬,位在義大利東邊,雖是3國中最大的,但也只有60平方公里,整個國家被義大利所包圍,

山峰建有防衛的堡壘，小國亦有自己的郵政系統

從義大利國境開往聖馬利諾，遠遠的就看到海拔高度 739 公尺的蒂塔諾山山頭，高度不高卻顯得特別險峻。其歷史可追溯到西元 301 年，據說一位信仰十分虔誠，名叫馬利諾的石匠，為了傳教躲避羅馬皇帝對基督教徒的迫害而來此，而他幫助了一個女子擺脫身上的魔鬼而聲名大噪，在蒂塔諾山一帶的領主帶著全身癱瘓的兒子前來，聖馬利諾竟也奇蹟式的治好他的病，領主一家人因此都改信基督教，領主也將蒂塔諾山送給聖馬利諾表示感謝，這一天是西元 301 年 2 月 3 日，也是聖馬利諾共和國的建國之日，比基督教合法化的時間更早，要知道，直到第一位信仰基督教的羅馬皇帝君士坦丁在西元 313 年頒布《米蘭詔書》，才承認基督教在帝國境內信仰的合法地位。

在 13 世紀，聖馬利諾逐漸從修道院變成了獨立的城邦，組成城邦行政機構，像義大利大部分的城鎮一樣，居高臨下在蒂塔諾山的 3 座山峰上設防修建堡壘，以便禦守敵人來犯，這樣固若金湯的天險，不僅成為國徽上的圖騰，也使得這個號稱全世界現存最古老的國家能躲過一次次的危機，更因為在義大利統一過程中協助加里波底躲避敵人，並提供金錢與補給，而獲得統一後的義大利保證，始終保持為一個獨立主權的國家。

從斷崖邊高聳的 3 座高塔，便可鳥瞰這個小國寡民的國家，一號堡壘羅卡（Rocc，又稱瓜伊塔 /Guaita）、二號堡壘切斯塔（Cesta，又稱弗拉塔 /Fratta）和三號堡壘蒙塔萊（Montale），而高塔所圍繞的區域，便是國家的中心，也是觀光的重要地點，共和國宮、教堂等地都開放給遊人參觀，滿足大家對這個國家的好奇心。聖馬利諾的所有物資幾乎都來自義大利，但其發行的郵票取材多樣，種類繁多，是世界各地集郵人士的最愛，世界那麼大，真是無奇不有！廣告詞說：整個城市都是你的咖啡館，而這裡整個國家都是你的世界遺產！

WORLD
HERITAGE
13

聖馬利諾歷史中心與蒂塔諾山（San Marino Historic Centre and Mount Titano）

▪ **入遺年份** 2008 ▪ **種類** 文化遺產 ▪ **國家** 聖馬利諾

共和國宮

艾菲索斯之一
Ephesus

—

徒留一根柱子的阿特密斯神殿

魔戒有三部曲，本書到現在也第一次出現了三部曲，因為艾菲索斯這個地方太豐富了，一篇寫不完，只好分成 3 篇從不同面向切入介紹給大家。

古代世界七大奇蹟是西元前 2 世紀希臘人費羅（Philo），描述當時在世界的 7 個偉大建築，分別是「埃及金字塔」、「巴比倫空中花園」、「奧林匹亞宙斯神像」、「以弗所阿特密斯神殿」、「哈利卡納蘇斯的摩索拉斯王陵墓」、「羅得島太陽神巨像」以及「亞歷山大港燈塔」，雖然號稱「世界」，但仔細看其實都集中於地中海區域，主要是由於當時對世界的認知有限，而全世界最大的陸間海：地中海，瀕臨歐、亞、非三洲，涵蓋了埃及、希臘、兩河文明，透過航行其間的繁盛海上貿易，將所見所聞記錄下來，只不過七大奇蹟中除了金字塔完整保存下來，其他要不是完全消失，不然就是僅存斷垣殘壁。

僅留一根柱子的阿特密斯神殿

安納托利亞的大地之母 Cebela

土耳其的艾菲索斯，古稱「以弗所」，是極其精彩的一座歷史文化城市，除了羅馬人留下的城市外，還有聖母瑪利亞晚年居住住所，七大奇蹟中的阿特密斯（Artemis）神殿也在這裡，阿特密斯是希臘神話中的狩獵與生育女神，大自然的象徵，到羅馬時期改名為黛安娜（Diana），無論甚麼名字，人們在那樣的年代崇拜祂，都是希望帶來豐饒。

阿特密斯神殿在西元前 550 年，由來自於克里特島的建築師設計興建，幾乎全是用大理石建成，建築面積長 115 公尺、寬 55 公尺，用 127 根高 19 公尺的列柱支撐起屋頂，柱頭則是柔美的愛奧尼式。鄰近的希臘城邦呂底亞（Lydia）著名的國王克羅索斯攻打以弗所，還獻給神廟一組有浮雕的柱頭，刻上他的名字，目前在大英博物館，呂底亞大約在公元前 660 年開始鑄幣，可能是最早使用純金和純銀鑄幣的國家，非常富有，英語有句「As rich as Croesus」，意思就是像克羅索斯富甲一方，有錢就是任性，捐錢當然不忘留名，就跟台灣各建築也都喜歡題字紀念相同，可能平民百姓無法捐錢，難怪爭先恐後喜歡在古蹟上刻字。也許你去過艾菲索斯，但不見得來過這邊，這都是歷史記載外加想像，如今的神殿僅剩一根柱子，不勝唏噓，帶客人來看一根柱子，很容易被客訴的。

西元前 356 年，一位名叫黑若斯達特斯的年輕人，想要做一件讓後

人記得可以名列青史的事情，於是放火燒掉神廟，這比劉文聰還厲害，沒有不爽也要送你一支番仔火，重修時剛好亞歷山大大帝經過，感佩以弗所人的付出，願意負擔所有費用，不過一樣要求題字在上面，被委婉地拒絕，「因為神不用幫另一個神蓋房子」，多麼有技巧的回答啊！西元 262 年以弗所遭哥德人攻擊，神廟又受到破壞，至 4 世紀因基督教興起，多神信仰被取代而遭荒棄。

阿特密斯在希臘神話多是以窈窕女性樣貌出現，但在土耳其阿特密斯樣貌非常特殊，全身像長滿瘤一樣，還有許多動物，其實那是象徵一顆顆孕育生命的乳房，給予大地無盡的滋養。1961 年土耳其出土一尊土偶，被認為是西元前 6000 年新石器時代安納托利亞的大地之母 Cebela，從祂外觀來看，身材豐滿圓潤，乳房充滿奶水，坐在兩邊鑲有可能是豹或母獅雕刻的椅子上，胯下有嬰兒頭探出，是古代人類生產的姿勢，也是代表豐收生育的豐饒女神，當後來希臘人移民小亞細亞後，信仰文化碰撞結合，希臘的阿特密斯與小亞細亞的大地之母又產生寓意相同，但形態迥異的神祇樣貌，十分有趣。

WORLD HERITAGE 15

艾菲索斯（Ephesus）

▪ **入遺年份** 2015 ▪ **種類** 文化遺產 ▪ **國家** 土耳其

小亞細亞特有的阿特密斯神像

艾菲索斯之二
Ephesus

—

基督徒也要靠暗號接頭

聖約翰教堂遺址

土耳其雖然現在是伊斯蘭國家，但在基督教的傳布過程中，這裡是非常重要的先啟地，而艾菲索斯更是極其重要的聖地。因為耶穌死時的羅馬帝國，對於基督教還是採取迫害手段，耶穌要後繼者將福音傳播開來，奉行不渝的第一代領導者要算是保羅了，他首創向非猶太人轉播基督的福音，一生中至少有 3 次遠行傳教的旅程。

但當時耶路撒冷以西充滿風險變數，往東成為較佳的選擇，相較於同時期的歐洲，這裡天高皇帝遠，帝力於我有何哉？直到西元 313 年，羅馬君士坦丁大帝才頒布米蘭飭令，宣布基督教的合法地位。因此保羅在第三次傳教時來到了今天土耳其的以弗所及小亞細亞，和教徒們在小亞細亞建立了七教會：以弗所、士每拿、別迦摩、推雅推喇、撒狄、非拉鐵非、老底嘉等 7 個教會，這些教會是基督教早期傳教歷史中重要的灘頭堡，也以此奠基。基督教繼續接力東傳，西元 301 年，亞美尼亞成為世界上第一個信奉基督教的國家。

因為小亞細亞是族群文化複雜之地，基督教東傳之前，這裡早就有豐富複雜的信仰及語言，保羅是羅馬公民，這樣的身份有助於他遊走各地，再加上他精通許多語言，更能打破各地文化本位主義差距的藩籬，但在這樣的外在環境誘惑下，要保持信仰的堅貞就面臨許多外在的考驗。

因此在過程中，保羅向七教會寫信，提醒告知他們信仰基督教的重要與虔誠，先說一些肯定的話，然後再告知各個教會不同的過錯，要記得改進並勿忘初衷。提醒以弗所和老底嘉要恢復純真的愛心，避免失去起初的熱誠；勸勉別迦摩、推雅推喇、撒狄要守住正義，防止情慾上放縱，拜偶像、道德墮落，保羅也寫了《以弗所書》給以弗所的基督徒。

耶穌十二門徒之一的約翰，接受耶穌死前托付，照顧母親聖母瑪利亞，據說也是遷居到以弗所安享晚年。18 世紀時，一位德國修女因為神蹟可以清楚描繪出祂晚年故居週遭狀況和位置，但她卻從沒來過艾菲索斯，西元 1881 年，一位法國牧師根據描述發現石造屋舍遺跡，雖然沒有直接證據證實，但 1951 年天主教教宗將此屋舍提升到聖地的地位，近期的若望保祿二世（Pope John Paul II）與本篤十六世（Pope Benedict XVI）則分別在 1979 年與 2006 年參訪此神聖的屋舍。至此真相似乎已不重要，我看到教徒在小屋裡感動流淚的場景，也看到異教徒臉上顯而易見滿臉嗤之以鼻的表情。約翰後來因傳教被羅馬放逐到愛琴海的拔摩島（帕特摩斯島 Patmos），寫下了啟示錄，西元 100 年在以弗所逝世，就埋在阿特密斯神殿附近的小山丘，6 世紀查士丁尼大帝在此興建聖約翰教堂，只可惜如今已是廢墟。

①聖約翰教堂 ②基督徒的暗號 ③據說聖母瑪利亞晚年居住的小屋

在羅馬人興建的以弗所城，海港大道底以大理石板鋪成的廣場上，出現刻劃的像是派狀圖，又像分切的披薩的神祕符號，任何遭迫害的宗教，會創造出一種自己才能理解的暗號，一來為了保護自己，二來增添神秘色彩，希臘文是早期基督教的語言，耶穌的名字被當作字謎隱藏在魚的形象中，因為希臘文中的魚（ＩＸΘＹΣ）剛好是以下詞句起首古希臘字母的組合，「耶穌基督，救世主上帝之子」（Jesus Christ Son of God Saviour），當基督徒看到這個暗號，表示這是座有基督兄弟姊妹的城市。

西元 431 年，東羅馬皇帝狄奧多西二世在以弗所召開第三次基督教大公會議，約兩千名主教出席。討論關於耶穌的神性與人性關係之爭，瑪利亞是否具備神性的議題，以君士坦丁堡大主教聶斯托里為主的人強調耶穌的人性，淡化其神性，同時主張將瑪利亞稱為「耶穌之母」，而非「天主之母」，經過辯論角力後，失勢的聶斯托里派東傳入波斯，唐朝時傳入中國，被稱為景教，西安碑林博物館還有一塊「大秦景教流行中國碑」見證歷史。

WORLD HERITAGE
15

艾菲索斯（Ephesus）

▪ **入遺年份** 2015 ▪ **種類** 文化遺產 ▪ **國家** 土耳其

艾菲索斯之三
Ephesus

—

沒有隔間的社交公廁

羅馬城市的地標：塞爾瑟斯圖書館

羅馬創建了橫跨歐、亞、非三洲的大帝國，在不同地區興建了許多城市，若有機會到不同國家的古羅馬城市遺跡造訪，規模大小會有所差異，但會發現形式幾乎相同，往往都有公共浴池、巴西里卡（呈長方形的集會所）、市集、劇場等，土耳其的以弗所保存了相對完整的羅馬城市遺跡。

羅馬時期的以弗所是亞細亞省的省會，因為河海的港口而興盛，但到 6 世紀因港口泥沙淤積而沒落。羅馬人承襲了希臘人的建築技藝，但由於混凝土使用和拱券結構技術，更進一步超越希臘人，更加自由的建造他們需要的各種建築，規模比希臘時的城邦規模更大。

設計具機能性的城市，不是像玩樂高遊戲一樣，可以隨意打掉重練，凱撒時期的建築師維特魯威寫了《建築十書》，這是西方古代唯一的建築著作，書中為建築設計了 3 個主要標準：持久、有用、美觀，包括了都市計畫、建築概論、建築材料、神廟構造、希臘柱式的應用、公共建築（浴室、劇場）、私家建築、地坪與飾面、水力學、計時、測量、天文、土木、軍事機械等，為龐大的都市規劃奠定基礎，在環地中海地區的各個行省都建造了類似的城市。

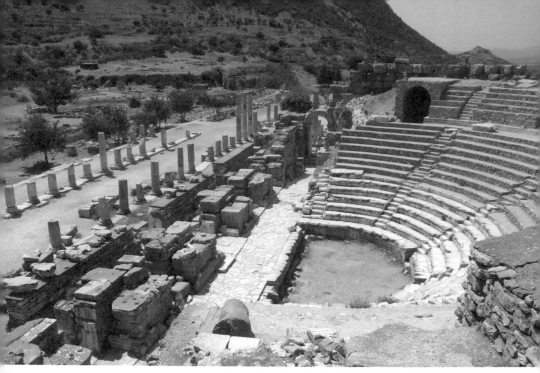

古羅馬劇場

以以弗所為例，靠岸後沿著長 600 公尺，寬 11 公尺的海港大道前行，顯現這座城市的氣勢，兩旁夜晚還會點燃火把照明，到底便是可容納 2 萬 5 千人的大劇場，通常一座羅馬城市的劇場乘上 10 倍，就是城市大概的人口。這裡不僅是觀看表演之處，也是集會的地方。聖經使徒行傳中記載保羅當年來到以弗所，據說就在這裡勸說民眾拋棄希臘諸神皈依上帝，後來販賣神像的銀匠們生意受到了打擊，造成一場混亂。

另一座代表性的建築是完工於西元 135 年的塞爾瑟斯（Celsus）圖書館，曾藏書 1 萬 2 千冊，是當時羅馬領事官阿奎拉以父親名字命名，圖書館外 4 尊女神雕像，正門外有知識、智慧、命運與美

德 4 尊女神雕像，提醒所有人唯有透過讀書，才可獲得這些美德，但都是複製品，真品在維也納的博物館收藏。羅馬城市很多公共設施都是當時的皇帝或貴族，為了討好公民所捐贈的，跟我們現在在公共建築上看到一堆題字道理是一樣的。圖書館旁邊有兩道拱門 Mazeus & Mithridates 之門，為羅馬奧古斯都大帝所赦免的兩位奴隸為感念其恩德所建造，走過拱門就是 Agora 市集。

庫瑞特斯大道

圖書館對面是公共浴場，裡面的公廁都是大理石砌築，一個個的投便處沒有隔間，因為這裡不只解決生理需求，還能彼此交談社交，其實寬鬆的袍子就可以有效遮擋，下方有下水道，直接將排泄物帶走；浴場旁還有還有著名的妓院，在通往妓院的地板上還有一則廣告，右邊刻了一個女人頭（表示漂亮姑娘），頭的下面是一個長方形（錢包），中間一個腳印（識別男人的年齡），左邊一個滿是洞洞的心（需要安慰的心），用隱喻的方式說明了曖昧的心態。

圖書館前就是庫瑞特斯（Curetes）大道，是以弗所主要的街道，這裡算蛋黃區，富人的豪宅地板以精緻馬賽克拼貼，沿街有雕像和噴泉。值得一提的是勝利女神 Nike 雕像，羅馬時期改名 Victoria，體育大廠 Nike 就是以祂為名，商標就是祂身上的翅膀，穿上有勝利女神翅膀加持的球鞋，運動起來當然如虎添翼。

WORLD
HERITAGE
16

艾菲索斯（Ephesus）

▪ **入遺年份** 2015 ▪ **種類** 文化遺產 ▪ **國家** 土耳其

上：勝利女神 NIKE／下：羅馬人的廁所

225

CHAPTER 4

來點音樂、舞蹈和藝術

沒有韓團光芒卻有世界遺產光環的韓國抒情民歌、
伊斯蘭教中愈轉愈清明的蘇菲旋轉舞，
古波斯的細密畫藝術宛如古老版的 2D 畫作……，
除了硬梆梆的古蹟建築之外，
不妨欣賞這些音樂、畫作、舞蹈，
屬於世界遺產感性的一面。

維斯朝聖教堂
Pilgrimage Church of Wies

—

從文青修道院搖身變成洛可可華麗教堂

來到歐洲，不能躲也躲不掉的景點應該就是教堂了，教堂不勝枚舉，但有些教堂不簡單而被列為世界遺產，並且不同時期還有相異的風格，最普遍的是羅馬式、哥德式及巴洛克式，幾乎是各教堂建築主流，也因為看了太多教堂，到後來真的有點不能永生，快要往生，在看到維斯朝聖教堂的外表後，更不禁懷疑這真的是世界遺產嗎？有點想跳過省門票錢，但看介紹又是我從未見過的洛可可風，想說既來之則看之，這一看還真沒讓我後悔，果然不能以貌取人。

位在德國南部的維斯教堂在 18 世紀建造，靠近奧地利邊境，教堂正確名稱為「被鞭打的基督朝聖教堂 Wallfahrtskirche zum Gegeibelten Heiland auf der Wies」，原本只是座小修道院，教堂中心供奉的是一尊受鞭打的耶穌雕像，據說有一位婦女看到這尊耶穌的眼中淌著淚水，雖然那時沒有 LINE 群組，但消息很快傳開，跟現在一樣也搞不清楚是假消息還是真消息的情況下，很快引來一堆禮拜和

像塗上鮮奶油的壁畫

朝聖，拿香跟著拜的人潮，人們蜂擁而至，為了滿足人們的需求，修道院被洛可可風格建築師齊默爾曼兄弟重新設計，今日的維斯朝聖教堂於焉誕生。

不知道是不是有人裝神弄鬼？還是真的神像顯靈？答案並不重要，重要的是留下一座經典教堂。這座教堂不像科隆教堂或巴黎聖母院那般雄偉，外觀看來不注意的話以為是穀倉，雖然是世界遺產，也沒看到張牙舞爪般的宣傳，就靜靜在微微隆起的綠色草丘上，去的時候遊客也不多，外表令人舒服，原本以為看到的是文青風格桂綸鎂，走進裡面才發現是穿上蓬蓬裙的許純美。

西方建築反映當代思潮，經歷過一連串的創新與突破，在 17 世紀來到巴洛克時期，「太陽王」路易十四是巴洛克風格最忠實的擁護者，留世的畫作中他身穿蕾絲邊絲襪、頭戴波浪式假髮，腰間還別著一把鑲滿寶石的寶劍，腳蹬紅色高跟鞋，今天如果有人有勇氣穿成這樣上街，請接受我的膝蓋，巴洛克風格就是這麼不樸實無華且任性。「巴洛克」原意是變形的珍珠，之前強調的古典傳統均衡對稱，此時利用不規則波浪狀曲線賦予建築元素以動感華麗，含蓄內斂不是它的語言，而是要給人誇張如戲劇般的效果。

在新古典主義接棒之前，有種算是巴洛克 2.0 版的洛可可（Rococo）的藝術風格在法國短暫流行，Rococo 是從法國字 rocaille 演變而來，原是指一種混合貝殼小石子製成的室內裝飾物，在法王路易十五時代以後流行的一種室內裝飾風格，常使用 C 形、S 形曲線或漩渦狀花紋。巴洛克是建築風格，但洛可可是室內設計，如果說巴洛克是塊奶油蛋糕，洛可可就像是奶油控，硬要再擠上一層奶油，這不是美人遲暮朝臉上亂抹的奶油，而是精心計算的奶油擠花，而且還非要撒上五彩繽紛的巧克力糖粒不可，虛華才是王道，實用非其考量。

教堂的屋頂利用較輕的木頭來建造，以減輕整棟建物的承受重量，再開許多扇窗戶增加室內採光以凸顯色彩豐富。在維斯教堂中，吸睛的不再是聖經故事，華麗繁複的裝飾效果花枝招展，絕對令人驚艷但會膩，不過吃完大餐之後，來盤甜點點綴也還可以，更十分讚嘆這炫富的勇氣。參觀後的心得是：被鞭打後流眼淚，然後有人幫你蓋豪宅，我可以！

維斯教堂

維斯朝聖教堂（Pilgrimage Church of Wies）

▪入遺年份 1983 **▪種類** 文化遺產 **▪國家** 德國

內姆魯特山
Nemrut Dağ

—

以陵墓聞名的國王

土耳其面積是台灣 27 倍大，到土耳其旅遊的人雖不少，但多半都是在土西，土東鮮少人去，一來夏天炎熱，二來冬天寒冷，再加上居住在這邊的庫德族人被土耳其政府視為叛亂恐怖組織，也讓此地籠罩不確定的陰影。

土東是幼發拉底及底格里斯兩河流域的發源地，傳說中伊甸園所在地以及肥沃月彎的一部分，是孕育古文明的搖籃。在亞歷山大東征建立橫跨歐、亞、非大帝國英年早逝後，帝國一裂為三，歐洲巴爾幹半島是馬其頓王國，埃及是托勒密王朝，亞洲是塞流古斯王朝，雖然地處亞洲，但源自於希臘的文化與在地的文化互相融合，使得歷史邁入希臘化時期。但也因為塞流古斯王朝疆域太廣，文化差異太大，實在很難有效管理國家，在東面，波斯建立安息帝國以及同為希臘人在中亞建立巴克特里亞（Bactrian）王國，西面又面臨羅馬的擴張，許多諸侯紛紛獨立。有趣的是，巴克特里亞王國應該就是司馬遷的《史記》中記載張騫出使西域時所遇見的大夏國，東西文化在此相連。

從塞流古斯王國獨立出來的科馬基尼（Commagene）（西元前163～西元 72 年），建國者托勒密厄斯據說是波斯大流士一世的後裔，其實從地緣關係來看是有可能，但是不是真的其實並不重要，因為他也有希臘的血統，對於掌權者來說，血統或繼承的純

幼發拉底河上游

正才是政權穩固與否的關鍵，所以說是神的後代，說是聖君的後代，這些都不足為奇，反正那個年代又沒有DNA鑑定，只要奪權，一切都是誰掌權誰說了算，著毋庸議，能夠左右逢源更佳。在選舉的時候，許多候選人不也是說自己是客家女婿、台北媳婦，沒關係拚命找關係，但實際上都是一堆射後不理的渣人。科馬基尼王國在歷史上地位並不重要，但因為國王安條克一世為自己興建了墳墓，而這墳墓又被列為世界遺產，當真是死了比活著更出名。內姆魯特（Nemrut）山海拔2134公尺，在山頂就是安條克（Antiochus）一世為自己修造的陵墓，他在世時，結合了波斯和希臘的信仰，為自己創立一套王室膜拜儀式，從他留下的銘文中，說明他的宗教觀點及解釋作為的目的。他在其中一篇銘文中提

不知原來在何處的浮雕

到，他的陵墓豎立在高而神聖之地，要遠離同人而應接近眾天神，且與天神並列，他果然是真男人，說到做到。

他是躲貓貓高手，到目前尚未發現進入墓室的入口，因為陵墓用石頭疊成，外表看來與山形合而為一，也就是這樣，看起來像是大型疊疊樂，若不小心抽動下層，上層砂石的重力也許會導致整個墓室損毀。東、西、北三面有類似台階式空間，矮牆上有一尊高 8 公尺安條克的雕像，分側兩邊的有海克力斯（希臘大力士）、宙斯、堤克（Tyche，希臘神話中的幸運女神）、阿波羅、密特拉（Mithra 古老的雅利安人神明，波斯是雅利安人種），神像衣服、頭飾和龐大外形受波斯影響，而塑像則受希臘影響，具有希臘特

色與風格，只不過頭部與身體早已分離。兩側各有獅子和鷹的雕像，同樣倒塌散落，神像底座有刻有神的名稱，和有關宗教儀式、法律、敕令等銘文。

要到內姆魯特山並不容易，從靠近敘利亞的大城桑尼烏法（Sanliurfa）出發必須包車，抵達內姆魯特山需要 4 個小時車程，可選兩個時段：一是中午 12 點出發，抵達看古蹟看夕陽，回到桑尼烏法晚上 10 點；二是半夜 12 點出發，抵達看日出看古蹟，中午左右回到桑尼烏法，到內姆魯特山還得爬來回一小時的路程，一般旅行社很少排，因為要從土西來到內姆魯特山，至少得安排 3 天時間，中間雖然有小景點，但極易引來抱怨，若沒有極大熱誠，奉勸好好考慮清楚，我是自作自受，當然甘之如飴。

內姆魯特山（Nemrut Dağ）

▪ **入遺年份** 1987 ▪ **種類** 文化遺產 ▪ **國家** 土耳其

小毛驢也可當上下山的交通工具

拉溫納的早期基督教古蹟之一
Early Christian Monuments of Ravenna

—

仿若歷歷在目的古羅馬榮景

西元 395 年，羅馬帝國分為東、西羅馬帝國，羅馬經過長期內鬥早已成為象徵性首都，從戴克里先皇帝到狄奧多西一世（西元 286 ～ 402），米蘭成為實際的行政中心，西元 402 年，皇帝霍諾留（Honorius）因國防因素將再將首都遷到義大利北部靠近亞德里亞海的城市拉溫納（西元 402 ～ 476），這裡有沼澤和濕地做為天然防衛，但也能藉由運河通到亞得里亞海。西羅馬帝國滅亡後，西元 493 年拉溫納也作為東哥德王國的首都，540 年東羅馬帝國查士丁尼大帝再取而代之。

從東哥德的國王狄奧多克到東羅馬帝國的查士丁尼，兩人都把拉溫納當作宗教藝術的展演場，留下在君士坦丁堡以外最大、保存最完好的馬賽克鑲嵌畫，也被列入世界遺產，其中最有名的教堂是聖維托教堂（Basilica of San Vitale）。這座教堂由埃克勒修斯（Bishop Ecclesius）主教於 526 年開始建造，主要分成 2 個部分，前堂是皇帝舉行會議的所在，後堂是皇帝做禮拜的地方，八角形的外觀簡

主教向基督耶穌獻上教堂模型

單毫無裝飾，但內部卻是大相逕庭，內部牆壁、地面或室內屋頂
大量使用陶片、貝類、碎石，以鑲嵌方式製作圖案或鑲嵌畫。

入門的拱弧右邊描繪了以撒獻祭給上帝的故事，左邊敘述的是上
帝在燃燒的荊棘中向摩西顯現的故事，中間是撒冷王麥基洗德帶
著餅和酒為亞伯拉罕祝福。交叉肋拱象徵王冠，拱頂裝飾著豐富
的葉子、水果和花朵的馬賽克花彩，匯聚圍繞在象徵上帝的羔羊
冠冕上。王冠由 4 位天使支撐，每一面都佈滿了繁花、星辰、飛
禽走獸。這出自啟示錄 5 章 13 節：我又聽見天上、地上、地底下
和海中的一切被造之物，以及天地間的萬有，都在說：「願頌讚、
尊貴、榮耀和權能，都歸於坐在寶座上的那一位，都歸於羔羊，
直到永永遠遠！」圓頂上的巴洛克壁畫是在 1778 年創作。

查士丁尼大帝及其官員

肋拱旁的大拱門鑲嵌 15 個馬賽克獎章，描繪了耶穌基督、12 位
使徒以及聖維托的兒子聖傑瓦修斯和聖普羅塔修斯，上面有纏繞
的花朵、鳥類和大量的角。在另一個半拱弧上，耶穌基督坐在藍
色地球儀上，身著紫色長袍，兩側是天使，右手將殉道者的皇冠
獻給聖維托，而在他的左手邊，埃克勒修斯主教提供了教堂的模
型。（見 p.242 圖）

在後殿側壁最著名的馬賽克鑲嵌畫，一幅是東羅馬皇帝查士丁尼
一世，身著紫袍站在宮廷官員和馬克西米安主教旁邊，還有守衛
和執事，強調查士丁尼是他帝國教會和國家的領袖。頭上光環使
他與基督有相同外觀，是君權神授的直接傳達。另一幅是莊嚴而
正式的西奧多拉皇后，頭戴金冠，戴上寶珠，旁邊隨侍一群宮女

和太監。皇后拿著盛酒的聖體容器，背景更複雜，有噴泉和奢華的掛飾。

有人說旅行前要做功課，但在還沒有親自看過之前，有時也不知功課如何做起？看了之後，才會產生許多疑問，所以真正的功課回來才開始。不過一般人因為生活太忙，想去的地方太多，加上有時時間緊湊，只有到訪而無法細看，最後只能落得留張到此一遊照做紀念，但往往看到照片也還是想不起來這是哪裡。但只要知識的積累再加上隨著自己旅遊的經驗，相信會愈來愈能夠欣賞出這些藝術品想要傳達的意思，彷彿也跟這些創作者產生跨時空的連結。

WORLD
HERITAGE
03

拉溫納的早期基督教古蹟（Early Christian Monuments of Ravenna）

▪ **入遺年份** 1996 ▪ **種類** 文化遺產 ▪ **國家** 義大利

拉溫納的早期基督教古蹟之二
Early Christian Monuments of Ravenna

—

禍不單行的弗里吉亞國王

拉溫納作為馬賽克之都,當地許多教堂都有它的可看性,追溯新聖阿波理納教堂(Basilica of S. Apollinare Nuovo)的歷史,是在西元 5 世紀雅利安人建立的東哥德王國狄奧多克所興建,作為獻給基督的教堂;到了 6 世紀,東羅馬帝國將拉溫納的第一任主教聖阿波理納的聖骨遷移到此教堂後,教堂便改為目前的名稱。

從正門進入教堂,巴西利卡式的大殿兩排共 24 根大理石柱形成拱廊。上方的馬賽克分為 3 層,左右兩側最上方的格子裡都是聖經故事,中間一排是著白色長袍的聖人和先知,右側最底排是 26 個拉溫納的殉教者走向救世主。而左側最底排則是東方三賢士從克拉塞(Classe)港口出發,帶著 22 個處女朝拜聖母子,克拉塞距離拉溫納 5 公里,屋大維建立了這港口,當年就是這出發與安東尼進行海戰,後來當上了羅馬皇帝。不管是殉教者還是處女,個人意象並不明顯,呈現一致的風格性,強調對於宗教的專一與虔誠。

聖經中說，當耶穌基督誕生時，東方來了三賢士，分別帶著乳香、沒藥和黃金祝賀耶穌的誕生，馬賽克上的東方三賢士們穿著長褲，戴著弗里吉亞帽，弗里吉亞是位在土耳其的中西部，在希臘神話中，弗里吉亞國王米達斯擁有酒神戴奧尼索斯給予的點石成金術，最後他不但無法進食，連最愛的女兒經過他的觸摸都變成黃金；而他另一個有名的故事是國王的驢耳朵，他充當阿波羅和潘音樂比賽的裁判，因為判潘獲勝而得罪阿波羅，阿波羅讓他長出一對驢耳朵作為報復，米達斯只好終日戴著弗里吉亞帽把耳朵遮住。

弗裡吉亞軟帽（Phrygian cap）又稱自由之帽，羅馬帝國時，獲釋

奴隸會佩戴弗里吉亞帽，這可能是弗里吉亞帽被當作自由象徵的起源。帽尖向前彎曲，典型的顏色是紅色，法國大革命時成為自由表徵，美國參議院院徽上也可見到，卡通藍色小精靈戴的帽子就是弗里吉亞帽，但出現在東方三賢士頭上，只是彰顯 3 個人的東方血統（圖②）。

另外一座在克拉塞的聖阿波理納教堂（Basilica of Sant' Apollinare in Classe）最精彩的是後殿半穹頂的馬賽克壁畫，在穹頂門框上，鑲嵌著基督的半身像，兩側是傳教士的象徵，下面是從伯利恆和耶路撒冷出來的 12 隻羊羔向基督行進。半穹頂中間是一塊藍色圓盤，藍色圓盤上有一顆鑲有寶石的十字架，十字架中心有基督頭像，十字架兩側是先知摩西和先知以利亞的半身像，聖阿波理納站在十字架正下方，草地上兩側各有 6 隻小羊，頭部兩側共有 3 隻代表聖彼得、聖雅各和聖約翰的小羊（圖①）。

馬賽克鑲嵌畫是最古老耐久的裝飾方式，作為拜占庭藝術的特色，達成宗教服務目的，不惜投入大量金錢與人力，使得馬賽克技巧高度成熟，金箔及玻璃在黏貼時故意使每塊不平，如此在光線照射下更有斑爛的效果。看馬賽克我可以，但電視就請不要打馬賽克了。

WORLD
HERITAGE
04

拉溫納的早期基督教古蹟（Early Christian Monuments of Ravenna）

▪ 入遺年份　1996 ▪ 種類　文化遺產 ▪ 國家　義大利

249

哈德良別墅
Villa Adriana. Tivoli

—

古羅馬版斷背山

羅馬在西元前 27 年從共和走向帝國，在屋大維之後，來自於皇帝與元老院之間權力的傾軋，軍閥的擁兵自重，使得帝國的前 100 年是一團烏煙瘴氣。

從涅爾瓦接掌帝位開始，羅馬帝國迎來八十多年政治清明的時期，與之前 100 年的腥風血雨相比較簡直是天壤之別。涅爾瓦、圖拉真、哈德良、安東尼、奧理略被稱為五賢帝，難得的是，這些皇帝並不是將帝位傳給自己的兒子，而是選擇適合人選，然後收為養子作為儲君，在羅馬，領養不是件羞恥的事，反而是加強世族聯繫和政治聯盟的方法，被領養的孩子也不必和原來的家族斷絕關係，像屋大維就是凱撒的養子，達到真正選賢與能的目的，反而「哲學家皇帝」奧理略死後將帝位傳給兒子康茂德，這位政二代就是在電影神鬼戰士中自己也愛下競技場決鬥的那位皇帝，殘暴多疑，個性乖僻，自稱大力神轉世，統治引起人民不滿，帝國自此江河日下，再度走回自相殘殺的親情倫理鄉土劇了。

別墅內的泳池

當皇帝還真的要看人品，若生在亂世有志難伸，哈德良是古羅馬帝國五賢帝中的第三位，前一任的圖拉真在位期間是羅馬帝國疆域最大的時期，在帝國安定的基礎上，他興建哈德良長城，劃定羅馬帝國的北方國境線，也重建萬神殿，倡導人文主義，提倡希臘文化，雅典成為文化中心，他最喜歡旅行和建築，之前皇帝多半依靠各行省的大數據治國，但哈德良在任內幾乎走遍了每個行省，開創下鄉巡視的先河，又進行了前瞻計畫，包括修築神廟、劇場、公共浴室等大型公共工程，更在羅馬近郊的提沃利興建哈德良別墅。

哈德良別墅建築群包含30多座建築物，包括了劇院、花園、泳池、

卡諾普水池

噴泉、圖書館、浴場，園中需要的大量水源都由水道橋從山區引下，為了不打擾皇帝，地底下還有通道，讓工作人員、訪客、僕人都能無聲無息移動到要去的建築物中。由於哈德良曾經遊歷各地，就像有些人出國後會把自己家中打造成波希米亞風、地中海風、巴里島風一樣，哈德良也將許多他印象深刻的地方呈現在別墅中，像是雅典衛城的厄瑞克特翁神廟的少女像柱。

哈德良另一個八卦事蹟是個同性戀皇帝，在古羅馬同性戀是一種公認的社會文化，甚至在許多文學、藝術和詩歌中歌詠這樣的關係，還代表友情、尊敬，到了基督教時期才有禁止婚外性行為，以及不以懷孕為目的性行為的新論述，桎梏了人性。哈德良和他

的希臘美少年安蒂諾斯相差 36 歲，一見鍾情時安蒂諾斯只有 12 歲，從此安蒂諾斯被賜上書房行走兼御前帶刀侍衛，常伴哈德良左右，20 歲時這對情人來到尼羅河旁的卡諾普，安蒂諾斯溺斃於尼羅河中，哈德良悲痛欲絕，下令封安蒂諾斯為神，並為他修廟塑像，哈德良別墅中的卡諾普（Canopus）水池就是象徵埃及尼羅河，而名稱也是當年安蒂諾斯溺斃的所在地命名，據說安蒂諾斯就埋在別墅中，但考古尚無所獲。

這座別墅在哈德良之後亦被使用，到 4 世紀羅馬帝國衰落後逐漸廢棄，在東哥德和拜占庭戰爭期間，這裡被當作倉庫，基督教徒也搬走這邊的石材來建造教堂，到 16 世紀，埃斯特紅衣主教伊波利托二世更將哈德良別墅中的大理石和雕像拆除，來裝飾自己位於附近的埃斯特別墅，這座融合雕刻、建築、水環境的藝術行宮，堪稱羅馬的萬園之園。

WORLD
HERITAGE
05

哈德良別墅（蒂沃利）　（Villa Adriana. Tivoli）

▪ **入遺年份**　1999　▪ **種類**　文化遺產　▪ **國家**　義大利

柬埔寨皇家舞劇
Royal ballet of Cambodia

—

真正的仙女穿搭

許多人在旅途中，喜歡食、衣、住、行、育、樂全方位體驗，能看個歌舞表演也不錯，但柬埔寨皇家舞劇若沒有了解背景，慢動作加上慢節奏，簡直就是急驚風遇上慢郎中，往往看了讓人呵欠連連，卻又不好意思說要離開，只好繼續假掰坐在那裡顯氣質。來到吳哥窟通常安排邊吃飯邊看表演，但餐廳表演的水準不足，再加上台下通常只自顧自的吃飯聊天，往往飯吃完了，表演還沒結束，看大家興趣缺缺招呼大家提前離開，感到大家都如釋重負的感覺，每次對表演者總覺萬分抱歉。

要看懂皇家舞劇除了要略知《羅摩衍那》及《摩訶婆羅多》兩大印度史詩故事外，舞劇中最吸睛的角色類型：女人，她是飛天仙女 Apsara。印度教的創世神話《翻攪乳海》，善神和惡神為了取得長生不老的甘露，經過千年的攪拌，甘露終於出現，就在要被惡神飲用之際，毗濕奴擔心惡神能長生不老，對眾生不利，在乳海翻騰的過程中，除了各種新生命和寶物隨之誕生，乳海濺起的

唯一一尊露齒笑的仙女 　　　　　微笑的仙女

穿仙女服跟遊客拍照也是一門好生意

浪花化成無數 Apsara，飛天仙女的曼妙姿態、美麗服飾、赤裸上身，赤腳跳著誘人的舞蹈，惡神一時鬼迷心竅，忘記手中的甘露，於是善神奪回甘露，獲得長生不老。小吳哥的雕刻壁畫上，以及眾廟護城河上的欄杆，皆是在描繪這段故事。

Apsara 後來成為天庭樂師乾闥婆（Gandharva）的妻子，乾闥婆為服侍眾神之首因陀羅的樂神，負責為眾神在宮殿裡演奏音樂，Apsara 隨丈夫在天界中伴舞，也算夫唱婦隨、適才適所，因此皇家舞劇，其實概念有點像酬神劇，是跳給神明看的。但說實在話，就算都了解以上所述，要從頭到尾看完也是極大的修行，一不小心就會入涅槃或見周公了，畢竟人不是神，難怪看得如此厭世。Apsara 傳入中國成為飛天，敦煌莫高窟的洞窟壁畫裡，幾乎都有飛天，成為敦煌藝術的重要特色。

Apsara 除了活生生在你面前以舞劇出現外，最精采的就是透過浮雕，精華在小吳哥，估算總共約 1800 個，像跟你玩捉迷藏一樣，隨時都有不經意的驚喜，而且姿態、神情、裝扮、髮型有異有同，要一一將她們拍照紀錄也是浩大工程。

沒人真正看過仙女穿什麼，若看過就變成董永了（邪惡笑），所以浮雕上仙女服飾其實反映出的正是那個時代的穿著，元代周達觀

《真臘風土記》中記載吳哥王朝的服飾：自國主以下，男女皆椎髻，袒裼，止以布圍腰。人惟國主可打純化布。頭戴金冠子，如金剛頭上所戴者。或有時不戴冠，但以線穿香花，如茉莉之類，周匝於髻間。頂上戴大珍珠三斤許。手足及諸指上皆帶金鐲、指展，上皆嵌貓兒眼睛石……大抵一布纏腰之外，不論男女皆露出胸酥，椎髻跣足。雖國主之妻，亦只如此。文字對照雕刻，完整呈現。我 2003 年第一次去吳哥窟，總能和她四目交會，但隨之走紅之後，要多看她一眼總是遊人如織，干擾太多，再也無法互訴情衷。

柬埔寨皇家舞劇以其優美手勢和迷人服裝而聞名，千年來伴隨皇家儀式和紀念活動，每位舞者扮演神聖和象徵性的角色，都擁有獨特的色彩、服裝、妝容和面具，透過手勢和姿勢，喚起不同的情感，劇目延續了與高棉人起源相關的傳說。在紅高棉的專制統治下，皇家舞劇幾乎毀滅消失，許多舞蹈大師和音樂家面臨斷層，在列入非物質文化遺產後，試圖重拾昔日輝煌，但仍面臨諸多困難，畢竟這是給神欣賞的舞蹈，人神殊途，凡人要通透需要更多的悟性。

WORLD
HERITAGE
06

柬埔寨皇家舞劇（Royal ballet of Cambodia）

▪ **入遺年份** 2003 ▪ **種類** 非物質文化遺產 ▪ **國家** 柬埔寨

WORLD
HERITAGE
07

蘇菲旋轉舞
Mevlevi Sema ceremony

—

暈頭轉向的宗教儀式

伊斯蘭教中的蘇菲教派的「蘇菲」有兩種說法，一種說法是源自於阿拉伯語中的「純粹」（ṣafā），另一種則是阿拉伯語中的「羊毛」（ṣūf），也是指早期穆斯林禁慾主義者身穿的簡陋斗篷。而蘇菲派最為人熟知的形象便是旋轉舞，在還沒搞清楚蘇菲旋轉舞是什麼之前，大家的焦點都在「舞」，所以都以為這項被列名非物質遺產，聽起來很厲害的舞蹈過程中可能會出現跳火圈、劈腿等高難度的動作出現，因此在觀看前通常都會問：表演大概有多久的時間？當知道整場演出只有半小時時，臉上不免露出失望的表情。但通常到現場，正襟危坐滿心期待看了 10 分鐘後，就會偷偷地問我：還有多久才結束？因為想像很美好，現實很骨感，在不瞭解背景的狀況下，眼中看到的就是缺少變化只有不停的旋轉，看了頭都暈了！

蘇菲旋轉舞並不是舞蹈，它是伊斯蘭教蘇菲教派的修行方式之一，更精準地說是一種宗教儀式，它強調自我精神層次的提昇，是非常私密的宗教活動，並不開放外人觀看，但愈看不到愈好奇，為了滿足成名後觀光客的好奇心，旋轉舞以改良後的表演性質讓大眾觀賞，但就算如此，依舊堅持表演是必須在沒有販賣酒精飲料的場所，早期觀看旋轉舞根本不允許錄影拍照，到後來也做了妥協，在整個儀式結束後，舞僧會離開舞台，接著再進場大概轉個 3 分鐘開放拍照，只為了滿足觀光客有圖才有真相的需求，也

許是宗教面對花花世界必然的世俗化，也許是透過這種方式打破
神祕色彩，讓世人更了解其內涵，事情總是擁有一體多面的樣貌。

早期的蘇菲派並沒有旋轉舞，直到 13 世紀，來自塞爾柱土耳其的
魯米以旋轉舞作為靈修的方式，自此便成為蘇菲派的象徵，今天
在土耳其的孔亞（Konya）有座梅夫拉納（Mevlana）博物館，就是
魯米的陵寢，而梅夫拉納之意就是我們的導師，可看出魯米作為
開創先河的先行者地位。

梅夫拉納博物館

開始表演時，樂手會吟唱一段讚誦詞，數名神情莊嚴的舞僧雙手交叉於胸前，身披代表自己墳墓的黑色披風，頭戴象徵自己墓碑的羊毛氈高帽進場，這時舞僧脫下披風，身著代表人性誕生純潔的白衣裙，配合節奏分明的鼓聲，就像是遵守真主對人們的戒律開始不停的旋轉，這時右手掌心朝上，意味著接受真主賜福及從天而降的宇宙能量，這股能量透過自身傳遞到下垂掌心向下的左手，不自私的傳送到大地及其他人，達到共好的境界，頭向右側，表示放下自我完全接受真主安排。

旋轉舞的舞僧

每個舞僧就像是自轉的星球，還會繞著舞台公轉，霎時間達到和諧的無重力狀態。看他們轉的輕鬆自在，面容安詳，其實都經過長期的自我訓練，一般人轉個兩三圈，肯定暈頭轉向，他們認為這樣的狀態可以讓自己的精神超脫於肉體之上，達到出神的狀況，而這是最接近真主的時刻。我也想到台灣的原住民，他們在豐年祭上不斷重複同樣動作繞圈，外人看來單調無趣，但同樣是最接近祖靈，在不同的區域卻有著共同敬天畏神的信念。

蘇菲旋轉舞（Mevlevi Sema ceremony）

▪ **入遺年份** 2008 ▪ **種類** 非物質文化遺產 ▪ **國家** 土耳其

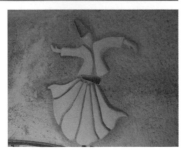

帕勒瓦尼和祖卡內儀式
Pahlevani and zoorkhaneh rituals

—

大叔們健身不為身材，練得是精神和心志

現代人生活忙碌，有時忙起來忘了運動，所以許多人選擇上健身房，畢竟有專業教練的鞭策和帶領，可以發揮事半功倍的效果，眼睛還可以欣賞運動帥哥美女的精實身材，也是賞心悅目的一件事，除了運動外，還能見賢思齊，見不賢就再加把勁多練核心。不過在台灣的日常，到了伊朗傳統健身房，看到的卻都是身材中廣的大叔，而且這還被列為世界遺產，這到底是怎麼一回事？

pahlevani 是古波斯語「英雄之後」的意思，這裡指的英雄是波斯詩人菲爾多西的《列王紀》中記載的羅斯塔姆（Rustam），據說傳統的伊朗摔角就是他平常鍛鍊自己練習的運動，也是古波斯帝國訓練戰士的形式，冷兵器時期戰爭模式不是打電玩按個鈕就解決，多半都是近身肉搏，所以不論甩大錘、揮劍、舉大棒、刺槍等招式，肌肉的力量十分重要。難怪伊朗及中亞的摔角運動是世界級的水準，人家可是從西元前就開始訓練，不僅保持肉體的強健，也在訓練中灌輸民族的意識，在練習期間的規定以及運動員

力量之屋內的健身大叔

的生活規範有著嚴謹要求。

zoorkhaneh 在波斯文中的解釋為力量之屋，就是這些訓練時的健身房名字，目前伊朗有超過 500 家的力量之屋，它不是連鎖店，每個地區的力量之屋都肩負保衛社區以及回饋社會的責任，因而結合了堅強的團結及愛國主義，在歷史上衍生出各別的政治主張，當然引起當權者的不快，遭打壓的例子層出不窮。

土黃色外牆，屋頂上有小型的圓拱頂，從外觀來看並不起眼，走進內部，中心是一個下凹的約一公尺深的八角形或圓形坑，觀眾就圍坐在坑旁，付費觀看這些大叔們運動的過程，近到可以聞到汗水淋漓的費洛蒙味道，近到飆出的汗水可能會潑灑到你，十分有臨場感。

健身大叔穿著牛皮製成的傳統及膝褲，紛紛跳入坑內擊掌或碰臉頰打招呼，整場靈魂人物是莫希德（morshed，意為：大師），他坐在高處，藉由高腳鼓的節奏配合詩歌的朗吟，控制並引導整個儀式的進行，隨著由緩至急的節奏，大叔歷經風霜的臉上線條漸漸變得柔和，坐在旁邊觀看的我也能感受到那種釋放肉體、精神超脫的感覺。在伊斯蘭教興起後，帕勒瓦尼在原先的基礎上又不斷的變化，融入了蘇菲主義（Sufism）宗教的讚美詩，增添了哲學

與精神上的能量，亦昇華成一種追求美德和提升性靈的活動。

雖然不是表演是健身，傢俬也是頻頻更換不馬虎。先利用力板（Shena）的握把寬度，進行各種力臂寬度的伏地挺身訓練，等到熱身筋骨全開之後，只見這些大叔們雙手持棒鈴（mil），利用棒鈴來環繞上半身，透過重量不同的棒鈴來達到上半身

莫希德是祖卡內進行時的靈魂人物

各肌群的訓練；模擬弓箭的力弓，可訓練上半身肌力及全身協調性。再藉由角力和旋轉，訓練控制力及平衡感。每樣看來都很簡單，但在結束後光嘗試著雙手拿起棒鈴就令人覺得分量十足，遑論看大叔們一手拿一支，臉不紅氣不喘的將棒鈴玩弄於股掌之間，叔叔有練過，小朋友真的不要學。

WORLD
HERITAGE
08

帕勒瓦尼和祖卡內儀式（Pahlevani and zoorkhaneh rituals）

▪ **入遺年份** 2010 ▪ **種類** 非物質文化遺產 ▪ **國家** 伊朗

韓國抒情民歌

Arirang, lyrical folk song in the Republic of Korea

—

沒有 Idol（偶像）的韓流

韓國人叫阿里郎，日本人叫桃太郎，台灣人叫呆丸郎，東亞三國攏係郎，但不同的是，前兩個還搭配主題曲，成為國家獨一無二的識別標誌，但若叫台灣找一首代表性的主題歌，肯定芋仔蕃薯又得吵到翻天覆地。有人聽雨夜花會流淚，有人聽梅花會高潮，南北韓雖然分屬不同政體，但同做為阿里郎倒還滿有共識，南韓連做大外宣的英語電視台也叫阿里郎（Arirang），世界透過阿里郎了解阿里郎。

阿里郎從族群上來區分是屬於朝鮮族，目前世界上各個國家的民族組成大多都是多元融合，極少單一民族國家，但在朝鮮半島上，不管北韓或南韓，族群主體組成幾乎都是朝鮮族，鮮少外來的族群，所以形成極強的民族意識。阿里郎這首膾炙人口的朝鮮民謠，南韓和北韓分別在 2012 和 2014 年列為非物質遺產，在表演藝術、電影、文學和其他當代藝術作品中都佔有重要地位。但阿里郎在北韓，指的是讓人印象深刻，嘆為觀止的阿里郎節表演。

許多人喜歡自助旅行，但若是碰到北韓也是沒轍，因為要到北韓旅行只有跟團，想要自己到處逛逛是不可能的事，所有景點都是安排好的，要呈現最佳一面給觀光客，若是運氣好，就能碰到阿里郎的表演，但是阿里郎節的演出是不定期的，通常要碰到像慶祝領導人生日、黨慶、國慶等重要紀念日，我在 2013 年看的那一

檔是為了紀念韓戰停戰 60 周年，據說演出一個月，所以就算你去過北韓，也不見得看過阿里郎，能看到真的只能說感謝金正恩、讚歎金正恩。演出地點固定都是在平壤大同江旁的五一體育場。五一體育場目前世界最大的體育場館，共可容納 15 萬人。

80 分鐘的阿里郎表演動員 10 萬人演出，全場沒有冷場，段落銜接緊湊，最令人瞠目結舌的是後面 1 萬 8 千人的人工 LED 字幕，讓我想起以前國慶晚會觀眾席上的字板變化。而場中的表演結合體操、特技、舞蹈、歷史，變化多端，炫麗奪目，韓流席捲全世界，沒想到北韓的韓流也不遜色，傳遞的中心思想雖然與我的信仰相差十萬八千里，早就知道內容多半以歌功頌德為主，心理雖打了預防針，但看的時候隨著劇情與音樂高潮起伏，內心也還是莫名其妙澎湃不已，所以共黨的宣傳確實能洗腦並撩動人心，化腐朽為神奇，真是愈靠北愈令人驚艷。

不過請不要用嘲笑的心態看這場樣板演出，雖然各國服膺的價值不同，但要進行這樣的大規模表演而不出差錯，背後也是用許多的汗和淚堆疊出來的，不是每天稱讚黨就一蹴可及，其實每個地方都有不同生活方式，也不要以為自己的生活方式是最優越的，但是值得反省看看哪一種是最適合你的。旅行就是要看看別人，想想自己，然後才會懂得珍惜自己擁有的。

除了觀光客能買票躬逢其盛外，北韓的觀眾都是免費觀賞，能夠前來出席的也算是各領域表現良好被獎賞的傑出人士，這是國家賞賜的天大榮耀，有機會來享受一場阿里郎的演出，絕對有截然不同的感受。

阿里郎：韓國抒情民歌（Arirang, lyrical folk song in the Republic of Korea）

▪ **入遺年份** 2012 ▪ **種類** 非物質文化遺產 ▪ **國家** 韓國

朝鮮民主人民共和國阿里郎民歌

（Arirang folk song in the Democratic People's Republic of Korea）

▪ **入遺年份** 2014 ▪ **種類** 非物質文化遺產 ▪ **國家** 北韓

平壤的主體思想塔

細密畫藝術
Art of miniature

—

古波斯版的 2D 視覺饗宴

對於現代人來說，若是拿到一本書，裡頭都是密密麻麻的文字，而缺乏有圖有真相的照片的話，肯定很難有翻閱的動力。在古代沒有隨拍隨看的智慧型手機，在有限的認知下，單靠文字很難對周遭世界產生全面性的理解，因此繪畫成為圖像思考的唯一來源，但繪畫畢竟是主觀角度，寫實或寫意的選擇，都會影響到觀看者對於客觀的呈現，講求逼真的細密畫（miniature），可能是最趨近於真實，為文學或敘事的情節提供了視覺形象，使其變得更有趣，更容易被人接受。

在古埃及時代，細密畫就出現在紙莎草做成的紙上，在地中海周邊傳遞開來。伊斯蘭教創立之後，手抄本的可蘭經在邊飾圖案大量使用細密畫的技術，由於波斯地區並沒有特別限制繪畫中出現人物，因此波斯就成為細密畫流行的中心，那時在各大城市像大不里士、巴格達及設拉子都設有專門學校。在 1597 年，薩法維（Safavid）王朝的阿巴斯一世遷都到伊斯法罕，有著「伊斯法罕

半天下」美名的這座城市成為精緻細密畫的翹楚指標，由於細密畫畫工複雜，非常耗時耗神，因此算是奢侈藝術，只有王公貴族能夠賞玩，一般平民百姓根本無從接觸，往往是上流社會和波斯宮廷中互相贈送及收藏的珍品。

畫作內容由宗教相關的插圖發展成隨生活富裕繁榮而呈現多樣面貌，從波斯文學家菲爾多西（Ferdowsi）史詩、詩人哈菲茲（Hafiz）

的抒情詩，到當時軍隊征戰以及宮廷生活的日常，都能成為細密畫家筆下的題材。隨著時代流轉，細密畫的載體有羊皮紙及一般紙張，也有畫在象牙板、駱駝骨板或木板上，顏料則多半從礦物中提煉，因此色彩能歷久不退。

在阿巴斯一世一手打造的皇家廣場（今日伊瑪目廣場）周邊，圍繞著像是天方夜譚裡的才會出現的市集，什麼都有，什麼都賣，什麼都不奇怪，讓人眼花撩亂，而這裡至今仍然是細密畫的製作及交易中心。一幅幅的細密畫在不大的方寸之間勾勒出屬於波斯的神秘與懷想，很想下手買來珍藏，但又覺這類小物玩物喪志，家中又沒合適地方擺放，沒想到人帥真好，一名畫師用貓毛筆特地在我的旅遊書上畫了一幅薩法維王朝的美女贈送給我，一枝筆又畫髮絲，又描輪廓，筆畫粗細不同，單靠一枝筆便能完成，真是神乎其技，這是花再多錢都買不到的紀念品。

薩法維王朝雖為細密畫的全盛時期，但也是細密畫衰落的開始，原因是細密畫原本多集中在書籍插圖上，阿巴斯一世將財力與人力集中在大型建築及其壁畫繪製上，減少書籍插圖製作方面的資助，導致畫家只得將贊助從官方轉往商業；商人也許有錢，卻不見得有文學修養與藝術情趣，在乎的反而是自家的裝飾，藝術家

不得不迎合商業階層的需要和審美趣味，因此細密畫的裝飾性增強，故事性和與文學性減弱，而當畫家從原本可能要用放大鏡作畫的紙面移轉到寬闊的牆面上時，細密畫特有的精雕細琢蕩然無存。內部從金字塔頂端的貴族藝術轉變為大眾藝術，外部又面臨印刷術及歐洲繪畫的取代，細密畫當然無可避免走向式微，但不可否認的是，細密畫依舊對現代藝術奠下基礎。

WORLD HERITAGE 10

細密畫藝術（Art of miniature）

▪**入遺年份** 2020 ▪**種類** 非物質文化遺產
▪**國家** 土耳其、伊朗、烏茲別克、亞塞拜然

趣你的世界遺產

關於那些歷史古蹟裡的奇人異事

泡澡、拋披薩、趕羚羊、唱情歌，還有健身大叔……，
帶你看不一樣的世界遺產！

作　　　者	馬繼康
責 任 編 輯	呂增娣
封 面 設 計	劉旻旻
內 頁 設 計	劉旻旻
行 銷 企 劃	吳孟蓉
副 總 編 輯	呂增娣
總 編 輯	周湘琦

董 事 長　趙政岷
出 版 者　時報文化出版企業股份有限公司
　　　　　108019 台北市和平西路三段 240 號 2 樓

發 行 專 線　(02)2306-6842
讀者服務專線　0800-231-705　(02)2304-7103
讀者服務傳真　(02)2304-6858
郵　　　撥　19344724 時報文化出版公司
信　　　箱　10899 臺北華江橋郵局第 99 信箱

時 報 悅 讀 網　http://www.readingtimes.com.tw
電子郵件信箱　books@readingtimes.com.tw
法 律 顧 問　理律法律事務所　陳長文律師、李念祖律師
印　　　刷　勁達印刷有限公司
初 版 一 刷　2023 年 02 月 17 日
初 版 二 刷　2023 年 04 月 26 日
定　　　價　新台幣 450 元

（缺頁或破損的書，請寄回更換）

時報文化出版公司成立於 1975 年，並於 1999 年
股票上櫃公開發行，於 2008 年脫離中時集團非屬
旺中，以「尊重智慧與創意的文化事業」為信念。

趣你的世界遺產：關於那些歷史古蹟裡的奇
人異事：泡澡、拋披薩、趕羚羊、唱情歌，
還有健身大叔 —— 帶你看不一樣的世界遺產 /
馬繼康著 .-- 初版 .-- 臺北市：時報文化出版企
業股份有限公司，2023.02
　　面；　公分
ISBN 978-626-358-468-1(平裝)

1.CST: 旅遊 2.CST: 文化遺產 3.CST: 世界地理
719　　　　　　　　　　　　　　112000623

ISBN 978-626-358-468-1
Printed in Taiwan.

WORLD
HERITAGE

WORLD
HERITAGE